EUROPÄISCH HANDELN

Europas eigene Wege

INHALT   Seite

1. EUROPÄISCHE ZUKUNFT   5
2. WAS STELLT EUROPA DAR?   15
3. POLITIK DES WANDELS   19
4. PLATTFORMEN DER IDEEN   25
5. SCHRECKEN DER RE-NATIONALISIERUN   32
6. IN DEN NETZEN   38
7. NEUE IDEEN   46
8. IDENTITÄT   54
9. STRUKTUR UND INSTITUTIONEN   59
10. KRAFT DER REGIONEN   65
11. WAHLEN   72
12. WARTUNG DER POLITIK   79
13. WIRTSCHAFT UND WOHLSTAND   86
14. RATING   102
15. ASSESSMENT   112
16. MEGATREND SICHERHEIT   122
17. STRATEGIE UND PLANUNG   140
18. ENTSCHEIDUNGSFINDUNG   151
19. BILDUNG   156
20. GESELLSCHAFT & POLITIK   161
21. EUROPÄISCHE LIBERALITÄT   174
22. VERHANDELN   180
23. GLOBALITÄT UND VERANTWORTUNG   189
24. EUROPÄISCHE GESAMTKULTUR   203
    ZUM AUTOR   215

1. EUROPÄISCHE ZUKUNFT

Wir können Zukunft nicht machen, aber wir können sie gestalten. Den Dingen bloß nachzulaufen, wäre unverantwortlich. Eine Politik der Reflexe anstatt der Prophylaxe ist nicht gut. Nicht jeder Wandel führt gleich ins Paradies. Was kann schlechte Politik ersetzen? Wie sieht die Zukunft nach Wahlen aus? Die Krisen hören nicht auf zuzunehmen. Wächst bei den Bürgern die Aufgeschlossenheit für Veränderung? Wenn ja, dann wird eine stärkere Transparenz der Prozesse eingefordert.

Wie die Situationen bewertet werden oder welche Akteure brauchbare Lösungen anbieten, ist für alle Bewohner dieses Kontinents relevant. Evaluierungen halten vor Augen, ob und wie erfolgreich agiert wird. In ihnen wird der Einfluss der Politik offengelegt. Und wenn es wieder so weit ist, zur Wahl zu gehen, werden aufschlussreiche Anhaltspunkte sehr willkommen sein. Das politisch interessierte Publikum begrüßt es, wenn Klartext gesprochen wird. Das Bedürfnis nach kompetenter Information ist vorhanden. Gemessene Informationen dürfen der Öffentlichkeit nicht vorenthalten werden.

Im Fokus steht die Fähigkeit zum Wettbewerb Europas. Der grundlegende Stabilitätsfaktor für den Wohlstand ist ein profitables politisches Finanz-Management. Die Sozialverträglichkeit läuft nun einmal über das Finanzielle. Es ist zu hinterfragen, was passiert, wenn Länder in die Pleite gleiten. Weiß man rechtzeitig Bescheid, oder wird die Illusion, gar der Selbstbetrug bevorzugt?

Wenn von der Exzellenz Europas die Rede ist, entspricht dies dem Anspruch auf Qualität. Mit der gegenwärtigen

Regierungssubstanz in Europa werden sich die Bürger/innen allerdings nicht zufrieden geben. Wie ist Europa organisiert? Diese Frage führt zu Bildung, Assessment und Evaluierung. Vieles wird noch mit der Ignoranz aus dem nationalen Blickwinkel gedeutet. Die Wettbewerbsfähigkeit in der Politik ist weitläufiger geworden, sie tangiert unmittelbar die Szenarien des Welthandels, der Forschung und der Umweltpolitik.

Ins Stammbuch der politischen Akteure gehört geschrieben, dass sie Ihr Tun klar und akzeptabel aufsetzen. Davon hängen die Maßnahmen und Umsetzungen in der Politik ab. Zu selten wird das so gehandhabt. Viel zu viel Unklarheit und unnötig vorauseilender Kompromiss beherrscht die Entscheidungszentren. Darum ist es auch nicht verwunderlich, dass die Summe der Staatsregierungen, der Europäische Rat, nicht das beste Bild abgibt. Grund für den Unmut ist die Gebundenheit an das Nationale. Der Rat agiert nicht nur sehr langsam, sondern ist aus europäischer Sicht auch sehr inkompetent. Für die Missstände in Europa sind nachweislich die nationalen Regierungen verantwortlich. Dass dann immer noch die Staats- und Regierungschefs die stärkste Kraft in den Institutionen darstellen, ist ungesund. Wo bleibt da die Parität im demokratischen Modus? Es wäre höchste Zeit, die politischen Kompetenzen in Europa neu aufzuteilen.

In Europa ist vieles anders als sonst in der Welt und das ist gut so. Damit besteht auch die Chance zum Aufbruch in neue Organisationsformen. Unabhängig von ihrem Alter und ihrer Stellung haben die meisten Menschen begriffen, dass die klassischen Parteien bestenfalls Zwänge, Tabus und Negativ-Ergebnisse schaffen. Grund genug, die verkrusteten Gebilde allmählich auf Nebengleise zu stellen. Bewegungen, getragen von Inhalten, sind im Trend. Sie gehen nicht von vornherein auf Konfrontation, sondern sammeln zunächst

Gemeinsamkeiten ein. Sie richten sich direkt an Bürger/innen und drängen die Politik zum Gestalten. Die neuen Instrumente werden erst eingestimmt. Politik muss sich eben den geänderten Lebensweisen anpassen. Priorität werden die strategischen Vorgänge in Sachen Nachhaltigkeit haben. Die Gesellschaft drängt dazu. Das fordert einen neuen Stil des Regierens. So lässt sich etwas Neues machen. Das hat Zukunft.

Überall auf der Welt zeigt sich der gesellschaftliche Wandel. Er kann die soziologischen Gefahren nicht ausnehmen: je mehr Menschen, umso mehr Verarmung; je mehr Verarmung, umso mehr Kriminalität. Darum gehört es zu den Aufgaben von Politik, Missstände rasch aufzudecken und zu reparieren. Der soziale Zusammenhalt ist soundso ständig einer Zerreißprobe ausgesetzt. Um zu bestehen, sind die gesellschaftlichen Regeln auf Gegenseitigkeit ausgerichtet. Das macht das Dilemma aus. Bei der Lösung der sozialen

Aufgaben, inklusive der Problemstellung aus der Migrationsrealität dürfen die Normen und Werte nicht beiseitegeschoben werden. Die möglichen Ungerechtigkeiten im Zusammenhang der Mindestlöhne, das schlecht durchdachte Antrittsalter für Pensionen oder die leichtfertigen Kreditvergaben im Wohnungsbau gehören zu jenem Komplex von unangenehmen Aufgaben, die nur in einer Gemeinschaftspolitik gelöst werden können.

Das europäische Konstrukt muss seinen normativen Boden haben. Dort wird angesetzt, die Demokratie in den innovativen Strukturen zu verwirklichen. Von dort aus erfolgt die politische Kontrolle darüber, wie die Verordnungen geregelt sind. Für eine soziale Gerechtigkeit in Europa zählt vorerst, dass die Leistungspakete zwischen den Regionen nicht zu sehr divergieren dürfen. Die an Leistung orientierte Lebensweise als auch das Denken des Absicherns hat selbst in

Europa eine unterschiedliche Tradition.
Wenn immer größere Teile der Gesellschaft
aufgefangen werden müssen, ist das
naturgemäß mit Kosten verbunden.
Sozialhilfe ist nun einmal steuerfinanziert.
Also kann nur eine gemeinsame europäische
Steuerpolitik ein solides Bindeglied bilden.

Da die Sozialausgaben an das Bruttoinlands-
Produkt gebunden sind, werden sich alle
Units der wirtschaftlichen Entwicklung voll
widmen müssen. Mit dem Auftrieb in der
Wirtschaft wird die Privatisierung
fortschreiten. Dadurch gewinnen die
Verfahren zur Kapitaldeckung an Bedeutung.
Je mehr freier Handel gewährleistet ist,
umso größer ist auch die Verantwortung zur
Armutsbekämpfung und zum Klimaschutz.
Sie ist nicht allein über globale Abkommen
zu gewährleisten. Ständige und faire
Kontrollen der Leistung haben den
politischen Ablauf in der Welt
sicherzustellen. Damit müsste Europa seine
Vorbildrolle untermauern. Die gemeinsame

europäische Politik muss sich konkretisieren. Augenblicklich sind zur Bewältigung der Zukunft epochale Reformen notwendig. Hat man einmal die Bedeutung von europäischen Großregionen erkannt, müsste sich gerade dort die Entwicklung beschleunigen.

Pseudo-kapitalistische Blasen machen vieles kaputt. Andererseits ist bislang nur der Kapitalismus imstande, den Zustand der breiten Schichten zu verbessern. Wenn er dysfunktional wirkt, entgleist das Vehikel. Europäische Politik sollte die Gesellschaft des Kontinents fördern, nicht ruinieren. Irgendwelche Parallelgesellschaften innerhalb der Gemeinschaft sind schädlich, da sie sich zu eigenen Mechanismen hochrüsten. Für Europa gilt mehr denn je die Devise, die kleinen Einheiten durch die Solidarität im Ganzen zu schützen.

Europa braucht die Kompatibilität mit einem starken Wir-Gefühl. Nirgendwo auf dem

Kontinent dürfen sich die Menschen abgehängt fühlen. Wenn sich die Schichten der Gesellschaft überlagern, schaffen sie Schnittpunkte zum sozialen Frieden. Eliten sind lebensnotwendig, doch ihre Egoismen gehören in Schranken gehalten. Ein auf alle Generationen und Typologien übergreifendes Netzwerk der Bildung könnte die Wut auf die Oberschicht ausblenden.

Die Ratio Europas in der Außenpolitik ist dadurch belegt, dass es ein europäisches Selbstkonzept und Selbstbewusstsein gibt. Das Verhaltensprofil Europas nach außen in die Welt muss ein einheitliches sein. Das internationale Engagement ist anzufeuern, die Angst abzulegen, die Kapazitäten sind auszubauen. Die europäischen Initiativen in der Weltpolitik meinen es vielleicht doch ernst. Doch ein bestimmendes Gesetz aus der freien Natur ist eins zu eins auf die internationale Bühne übertragbar: wenn

man sich wie Beute verhält, wird man auch
zu Beute.

Wie sich Politik verhält, lässt sich
überprüfen. Es ist zu checken, wer von den
europäischen Strategen und Akteuren fähig
ist, konkrete Programme zur
Problembewältigung aufzulegen. Alle
Ansprüche an die Qualität sind messbar. Die
situative Achtsamkeit sowie die langfristige
Programmatik sind für das politische
Bestehen des Systems zwingend notwendig.
Diese Faktoren dürfen nicht frei
dahintreiben. Ein seriöses Controlling kann
dafür sorgen, dass die Politik nicht versagt.
Wenn einerseits die Tools der Bewertung
vorhanden sind und andererseits die digitale
Technologie sich zur Auswertung und
Veröffentlichung anbietet, dürfte diesem
Modus der politischen Kontrolle nichts im
Wege stehen.

2. WAS STELLT EUROPA DAR?

Die bürgerliche Gesellschaft fordert von der Europäischen Union großrahmige Problemlösungen. Damit wird sichtbar, dass etwas Besonderes an diesem Kontinent sein muss. Wodurch wird der neue Aufschwung garantiert? Vorab gilt es, das gemeinsame europäische Erbe anzuerkennen. Sind die Gemeinsamkeiten identifiziert, werden auch die Chancen zutage gefördert. Das Streben nach vorne in einer gemeinschaftlichen Politik und einer zukunftsorientierten Wirtschaft könnte Europa eine besondere Rolle in der Welt einbringen. Europas Bürger/innen haben es sich verdient, europäischer zu werden.

Setzen wir uns keinen Irrtümern aus, indem wir romantisieren. Handeln ist angesagt. Ach Gott, diese Europäer! Mit so vielen Chancen ausgerüstet, nutzen sie diese auch? Die Provokation liegt darin, aus der immerwährenden nationalen Destruktivität auszubrechen. Die Effekte werden sich dann schon zeigen. Der Weg zu einer verantwortungsbewussten Zivilgesellschaft steht offen. Europa könnte auf mehreren Gebieten vorleben, wie so etwas funktioniert. Das Vorhaben besteht nicht darin, Imitatoren zu ködern, sondern die anderen zu weiteren Neuerungen anzuregen. Dazu müsste Europa sich zunächst selbst finden. Es braucht intelligente und flexible Einrichtungen. Natur und Umwelt werden zum Gegenstand des Nachdenkens. Der Austausch der Interessen mit der Welt wird zum Thema.

Wo sind die Designer europäischer Politik geblieben? Viel Ineffizienz ist bis dato in den Institutionen auszumachen. Angeheizt wird sie von den vielen Scharfmachern im Inneren der Union. Europäische Groß-Regionen müssten sich rasch organisieren.

Die dort erahnten Potenziale warten auf die
Anerkennung in der europäischen Zentrale.
Man käme schneller auf den Geschmack des
richtigen Schlussfolgerns. Problemlösungen
werden erdacht, sie sind nicht von alleine
da. Jede spezifische Politik Europas wird in
den für sie bestimmten Ressorts gepflegt.
Die Reifung erfolgt in den europäischen
Institutionen, dort wo die gemeinsame
Lösung die politische Kultur Europas
ausmacht. Zwischen den Regionen werden
neue Verhältnisse aufgebaut, Spaltungen
überwunden. Besser macht besser.

Rating kommt ins Spiel, das die Effizienz der
Gesamtheit auslotet. Die Vorgaben r müssen
rational begründet sein. Die gewonnenen
Hinweise könnten dazu genutzt werden, die
Beschaffenheit der Regionen zu
formatieren. Man soll sich auf diesem
Kontinent wohl fühlen können. In der
Gemeinschaft der vielen Völker wird nicht
für einen Clan gekämpft, sondern in eigener
Sache für die Gesamtheit. Multilateralität ist

die moderne europäische Art zu denken.
Diese Denkart ist der Kompass auf dem
europäischen Weg des internationalen
Handels und der Fairness in den globalen
Beziehungen. Europas positives Image ist
seine Lebensversicherung.

3. POLITIK DES WANDELS

Wir fragen uns, warum manche Dinge gut
und manche schlecht gelaufen sind. War
alles bloß Kismet der Geschichte? So wie die
biologische Veränderung sichtbar eintritt,
verwirklicht sich auch der sozial-
gesellschaftliche Wandel. Die Globalisierung
bedingt technische und wirtschaftliche
Veränderungen. Ohne Prophezeiungen
strapazieren zu wollen, aber jede
Ablauforganisation wird dazu gedrängt, sich
auf die äußeren Erfordernisse
einzustimmen. Die Lernprozesse verlaufen
nicht von selbst, sie brauchen Anreize.
Anders ist Entwicklung nicht denkbar. Die
Stärkung des qualitativen Wissens, nicht
seine permanente Schwächung wird der
Zivilgesellschaft gut tun. Wollen wir eine
Gesellschaft mit Lösungsangeboten oder nur
ein bloßes Betrachten der Wolken, die

aufziehen? Es müsste doch vermeidbar sein, dass Prozesse der Neuerung erst aufgrund von eingetretenen Katastrophen eingeleitet werden.

Eine wichtige Komponente der europäischen Politik ist der innere Zusammenhalt, der wiederum auf gemeinsames Wissen aufbaut. Moderne Politik müsste sachgerechter sein, dann ist sie wieder interessant und auch spannend. Akzeptiert wird sie dann, wenn sie zusätzlich zur Rationalität den gesellschaftlichen Rahmen aufrechterhält. Was macht also das moderne Europa aus? Seine weltpolitischen Fähigkeiten sind noch nicht ganz so ausgeprägt. Aber sie entwickeln sich. Zu den Agenden europäischer Verantwortung gehören unausweichlich die globalen Programme. Ob als Vorläufer, ob als Nachzügler oder ob zum Koordinieren zwischen den weltweiten Positionen, die Aufgaben europäischer Politik sind nicht nur vielfältig, sie sind auch schwerwiegend. In vieler Hinsicht läuft unser Planet heiß.

Die Geschwindigkeiten werden immer rasanter. Vieles geschieht auf Kosten des Wertesystems und der Ökologie. Das Verhältnis von Beschleunigung zu Entschleunigung gilt es geschickt auszutarieren. Man kann komplexe Dinge auch aushalten, man braucht nur den Mut dazu haben und nicht gleich die Zusammenhänge simplifizieren. Wissen muss in Handlung übersetzt werden, dies ist ein Erfordernis von Effizienz. Daher gehört das Wissen gepflegt - keine schlechte Aufgabe für Europa.

Notwendig sind korrekte Analysen zur Kontrolle, die auch die Ursachen von Missständen ausleuchten. Rating hilft zudem, Fehlentscheidungen rasch zu korrigieren. Wenn Messdaten nicht mehr zur Verfügung stehen, setzt gespenstische Stille ein. Das kann nicht die Antwort sein.

Passivität lähmt, das System beginnt durchzudrehen. Wie bringt man Gesundung hinein? Sobald von rechts oder links angezettelte Umsturzversuche oder umweltbedingte Katastrophen auftauchen, ist sofort ein Gegenlenken erforderlich. Fehlt ein gesamteuropäisches politisches Management, ist der Kontinent angeschlagen.
Ein technisches Mittel zum Zweck der Überschaubarkeit von Problematiken sind Zukunftskonferenzen. Sind sie gut programmiert, versprechen sie Erfolg. Dann sollten die politischen Akteure die ausgetüftelten Dinge entschlossen umsetzen. Sie sollten in der Lage sein, dem Zynismus der Uneinsichtigen etwas entgegen zu halten. Professionell aufgebaute Zukunftskonferenzen gehen von vielfältigen Perspektiven und Sichtweisen aus, um dann das Wesentliche herauszuarbeiten. Sie haben die Rolle von Lotsen in einem sich ständig verändernden

Denkprozess der Politik. Die von der europäischen Zentrale aus gesteuerten Interaktionen helfen in weiterer Folge, die Handlungsspielräume zu erweitern.

Die europäische Gesellschaft zeigt sich gestärkt, wenn es ihr gut geht. Um sie wachzuhalten, bringt der lose Verbund von Staaten gar nichts. Ein Aufschwung über neue Formate in Wirtschaft, Wissenschaft und Kultur hat nur im gesamteuropäischen Auftreten Aussicht auf Erfolg. Die europäischen Interessen gehören kombiniert, nicht auseinander gerissen. Bahnen sich gefürchtete Chaossituationen an, werden die lebenserhaltenden Prozesse gesichert, indem sofort auf die Ursachen eingegangen wird. Voraussetzung ist Motivation und Diskurs. Will denn der europäische Kontinent ungewünschte Sanktionen erdulden, die die anderen Großen verhängen? Deutlich zeigen die Matrizen zur europäischen Lage auf, wo die Unterschiede in der Produktivität liegen. Auf

Missverhältnisse kann schnell und adäquat reagiert werden, wenn man nicht an den falschen Gewohnheiten festhält. Es gehört zu einem geschickten politischen Management, die Austauschprozesse auf einem hohen Niveau zu halten. Das sichert die Aussicht auf generellen Wohlstand.

4. PLATTFORMEN DER IDEEN

Die klassische Parteienlandschaft ist
verödet. Parteien haben in ihren
Kalkulationen keine Perspektive auf Zukunft
mehr. Ihre Resonanz ist schon allein
deswegen schwach, weil die Altlasten und
Vorurteile aus der Historie nicht zu
eliminieren sind. Also weg von diesen
obsoleten Einrichtungen. Politische
Plattformen sind auf Zukunft konzipiert.
Ihnen könnte die Wiederaufforstung der
politischen Steppe gelingen. Wenn sich die
Zivilgesellschaft weit weg von der
Parteienatmosphäre sieht, müsste sich die
etablierte Politik sofort darum kümmern
und andere Formate anbieten. Nicht die
Bindung an Parteien, sondern das Bewegen
neuer Programme ist zeitgemäß. Einige
wenige politische Charismatiker setzen

bereits die ersten Taten. Die Öffentlichkeit sollte sie intensiv darin unterstützen. Die europäische Arena ist für den Umschwung bestens geeignet. Wie kann es sein, dass das Retrograde immer noch die Zukunft negativ beeinflussen kann?

Der Szenewechsel erfolgt dort, wo strategisch formuliertes Handeln und Transparenz den Entscheidungsprozess bestimmen. Nicht Freiheit oder Nachhaltigkeit müssen reformiert werden, sondern die Strukturen, die nicht mithalten können. Die Gruppierungen, die für ein einzelnes spezifisches Thema wie Ökologie oder Soziales aufgestellt werden, sind noch keine politischen Formate. Sie stehen auch nicht für Öffnung und Pluralität. Die per Facebook mit Einfalt überfütterten Follower sind es, die den kulturellen Zusammenhalt zerstören. Facebook-Politik schafft nicht den Durchbruch, weil es ihr an Seriosität und Können fehlt. Zu viel Unsinn wird in den sozialen Netzwerken produziert. X-beliebige

Meinungen verwässern die Realität.

Zukünftige Instrumente der professionellen Kommunikation werden sich als ideale On-line-Tools etablieren, um den Rundumblick rational zu erhellen. Die Quellen sind Evaluierungen, Ratings und Expertenbefragung. Die politische Szene braucht das Controlling, in dem Macht und Einfluss in objektivierten Kategorien dargestellt werden. Da geht es nicht um Gutachten der Gefälligkeit, sondern um die seriöse Bewertung von Situationen. Die Urteilskompetenz liegt im Wissen und nicht im Hinausschreien von Protesten. Wenn Veränderungen mit realen und nicht mit virtuellen Zielsetzungen angekündigt werden, ist politisches Engagement wieder in.

Wie werden sich neue Formate inhaltlich organisieren? Der Nationalismus mit seiner Parteienmentalität wird hoffentlich einmal überwunden sein. Längst schon ist er

obsolet geworden. Im Neuaufbau könnten
die Regionen und ihre Gemeinden in ihrer
Bedeutung zulegen. Der europäische
Überbau ist für den Zusammenhalt am
Kontinent von entscheidender Bedeutung.
Eine zu heftige Parzellierung demontiert die
Gesamtheit. Ein nutzenbringendes
Wissensmanagement zur Politik ist gar nicht
denkbar, wenn sich die einzelnen Units
abschotten. Sobald sich die Plattformen der
Ideen etabliert haben, werden die national
orientierten Wahlen an Bedeutung
verlieren. Schon jetzt verbreitet sich im
Europäischen Parlament der Usus,
gemeinsame Gruppenanträge zu stellen, die
nicht parteiengebunden sind. Die politische
Entscheidungsfindung der Zukunft wird sich
im Idealfall über Koalitionen zwischen den
Meinungsgruppen und nicht zwischen
Parteien ereignen. Die europäischen
Institutionen sind zum Erfolg wachzurütteln.
Schwäche darf nicht sein, Langsamkeit ist
verpönt, Ineffizienz gehört ausgeschaltet.

Die klugen Leute in der Politik darf man
nicht gleich von vornherein abschreiben. Oft
schon haben sich Totgesagte wieder
eingefunden, denn ihre Kapazitäten waren
nicht erschöpft. Andererseits gab es schon
genügend Nieten, die sich immer wieder
neu aufdrängten. Wer kann schon solches
ausschließen? Externe Agenturen könnten
mittels Assessments einiges aufklären.

Die institutionalisierten Zentren bleiben ein
unausweichliches Kriterium der Macht. Wo
es zu gären beginnt, ist adäquates
Einschreiten erwünscht. Moderne Politik ist
eine Angelegenheit der Vernunft. Jede
Situationsbewältigung ist ein neues Up-
dating, das die Zweckmäßigkeit in den
Vordergrund rückt. Die Frage ist, was
bewegt sich wie. Erfolgreiche Plattformen
sind strategie-orientiert und charismatisch
ausgerichtet.

Wenn in der europäischen Zusammenarbeit
vor lauter Angst vermieden wird, Stellung zu

beziehen, werden die Richtungen sehr schnell auseinanderdriften. Die stille Zurückhaltung ist der gemeinsamen Sache nicht dienlich. Was nützt es, sich zeitweise einem Lieblingspartner zuzuwenden, ihn dann aber in reißenden Gewässern allein zu lassen. Daraus entsteht nur neuer Zwiespalt, genährt durch falsch verstandene Eifersucht. Was hätte das deutsch-französische Tandem im Ausbau der europäischen Kraft nicht schon alles bewirken können. Doch eine irregewordene Selbstsucht von deutscher Seite und verkappte Sichtweisen verhinderten den raschen Durchbruch zum Neuen.

Die Dynamik von gutorganisierten Plattformen braucht die mediale Öffentlichkeit. Die Stärke liegt in der Mannigfaltigkeit der Ideen und im Anspruch, sie zu realisieren. Politische Plattformen haben eine Chance auf Akzeptanz, wenn sie sich nicht ideologisieren. Das heißt, sie dürfen sich auch nicht nationalisieren. Sie sollten ihre Prioritäten klar analysieren, umsetzen und verlässlich befolgen. Die Bezugsgruppen dürfen sich nicht befehden. Die Aufmerksamkeit in der Öffentlichkeit verdienen sie, sobald substanzielle Erfolge eingefahren werden.

5. SCHRECKEN DER RENATIONALISIERUNG

Nationalismus steht für die Rückwärts-orientierung in die negativen Mechanismen der letzten zwei Jahrhunderte. Er ist Gift für das Wohlergehen der Völker am Kontinent. Er bedeutet wirtschaftlichen und moralischen Abschwung. Patridiotische Zuckungen künden meist verheerende Folgen der Irrationalität an. Europa wird in Zukunft anders denken müssen als nur in Schablonen von Nation zu Nation. Im Abgesang der nationalen Gebilde können Nationalhymnen als Ventil verirrter Märchen immer noch schöne und interessante Reminiszenzen bleiben.

Konrad Adenauer, Gründungskanzler der Bundesrepublik Deutschland, schaffte es dazumal, ein neues Selbstbewusstsein der

Bevölkerung einzuimpfen. Ab da an begann der sehenswerte Aufstieg der Bundesrepublik Deutschland. So müsste es auch außergewöhnlichen Politikern der Gegenwart gelingen, frischen Mut in die europäischen Gemüter zu bringen. Die Völker Europas dürfen sich nicht von nationalistischen Sichtweisen einengen lassen. Natürlich gibt es unentwegt Blockierer, die vor der Veränderung zurückschrecken. Spontan stößt man auf den Spruch Albert Einsteins: „der Horizont vieler Menschen ist ein Kreis mit Radius Null - und das nennen sie ihren Standpunkt". Nationales Denken reicht über den eingeengten Horizont nicht hinaus.

Wenn sich die Faktoren der Destabilisierung vermehren, gibt es dafür Verantwortlichkeiten mit den dazu gehörenden Personen. Quertreiber sollten rechtzeitig für ihr unnützes Verhalten angeprangert werden. Oft muss es ein Kraftakt sein, der intellektuell geführt wird, aber auch zu konkreten Maßnahmen führen muss. Viele sehen sich dazu aber gar nicht in der Lage, weil es das System nicht hergibt. Doch manchmal ist es genug mit dem Überschreiten roter Linien in Richtung Rückständigkeit.

Auf Dauer darf sich Europa durch die Autokratie der Nationalstaaten nicht blockieren lassen. Wenn Demagogen von einem Krisenbewusstsein nichts wissen wollen, leidet immer die Bevölkerung darunter. Das erste große Zwischenziel europäischer Gesamtpolitik wird erreicht sein, wenn nicht mehr nach nationalen, sondern nach europäischen Interessen zwischen den betroffenen Regionen verhandelt wird. Nicht die Nationalstaaten setzen sich aus Regionen zusammen, sondern Länder oder Teile von ihnen formen sich zu Regionen. Die zukünftigen Generationen für das gemeinsame Interesse zu mobilisieren, dürfte nicht so schwer sein, sobald die Inhalte vermittelt sind. Im

Spektrum der Jugend gibt es einen erheblichen Anteil derer, die für die Zusammenhänge von Ökologie, Ökonomie und Kooperation zu begeistern sind. Aus der positiv deklarierten Vielfalt generiert sich eine gestärkte Einheit. Das passiert allerdings nicht von alleine.

Diversität in Gemeinschaft ist kein Selbstläufer. Noch ist der Bildungs- und Informationsauftrag das Manko in der politischen Synthese. Bereits in den Schulen beginnt das große Vergessen der gesellschaftlichen Zusammenhänge. Das europäische Momentum wird vom System selbst zu wenig gefordert. Nirgendwo werden die Entscheidungs-Erfordernisse ausreichend kommuniziert. Noch setzt sich niemand publikumswirksam mit den technokratischen Entscheidungen auseinander. Demokratie ist langsam, Technologien sind schneller. Der moderne Austausch heißt, den Fluss des europäischen Mainstreams zu forcieren. Der Umgang mit der Resonanz auf Entscheidungen ist der Knackpunkt. Der politische Erfolg hängt weitgehend davon ab, wie sich die Reflexe anfühlen.

Die Professionalität im kommunikativen Austausch baut auf Know-how und auf Geschick. Kommentare werden geschrieben und rufen Reaktionen hervor. Was aber wie recherchiert wurde, hinterfragt selten jemand. Wenn nur mit Überschriften kommuniziert wird, wie es in der extremistischen Polarisierung geschieht, wird die öffentliche Meinung geblendet. Damit werden auch Ängste geschmiedet. Dies in der politischen Auseinandersetzung zu ignorieren, ist auch eine Form von Angst. Unflexible Akteure in der Politik spüren vielleicht die sich ändernden Stimmungen, beharren aber dennoch darauf, eingefahrene Dinge weiter zu betreiben. Dann haben sie noch die Kühnheit zu erwarten, dass das tatsächlich funktioniert. Anbiederung aus Angst vor der Ungewissheit der Zukunft war immer schon ein schlechter Ratgeber, besonders bei Eskalation. Eigensinn und Angst sind alte Verhaltensmuster. Angst lässt keine Aufbrüche zu. Auch die Boulevard-Medien operieren mit Angst, sie leben ja von ihrer Proliferation. Die Öffentlichkeit verhält sich allzu gerne gemäß den veröffentlichten Zurufen von Angst.

6. IN DEN NETZEN

Bizarr, wie die Protestwähler der Emotionalität des Boulevards nachgeben. Das Paradoxe in der Wählerschaft erklärt der Wahlanalytiker Professor Korte mit kognitivem Versagen. Vom Boulevard und den Netzwerken beeinflusst zu werden, bedeutet nicht nur das Niveau des intellektuellen, sondern auch des praktischen Lebens zu senken. Die Zurschaustellung der simplen Titel macht das politische Gefüge brüchig. Die Freigabe der Motive überflutet die Gesellschaft mit Rohheit.

Wer beeinflusst wen, die Geschichte die Menschheit, oder die Menschheit die Geschichte? Nur weil die Massen schreien, müssen sie nicht Recht haben. Millionen von Europäern laufen irgendwelchen Slogans nach. Sie wollen sich doch als kritische

Mitbürger zeigen. Sie sind unzufrieden, aber auch schlecht unterrichtet. Unzufriedenheit ist an der Wurzel anzupacken. Wer diese Bedeutung nicht erkannt hat, fällt leicht ins Abseits.

Was in den sozialen Netzen gequasselt wird, ist bisweilen aufwühlend, selten ist es von profundem Wissen getragen. Die alten Maschinerien der Partei-Propaganda wurden von den schnellen Bombardierungs-Tools der elektronischen Meinungsbeeinflussung abgelöst. Mit den modernen Netzwerken richtig umzugehen, will erst gelernt sein. Noch sind die Inhalte zu sehr den zahlreichen Stümpern ausgesetzt, die wahllos herum-bloggen oder dahin-twittern. Klar ist, dass sie Macht bedeuten. Ebenso unbestritten ist, dass mangelndes Know-how zum kollektiven Irrsinn führt. Provokation ist weit entfernt vom Können. Irgendwann einmal wird auch im Netz Qualität eingefordert sein. Es müssen nur die notwendigen Strukturen eingewoben werden. Darum müssen sich die zuständigen Dienste in den spezifischen Gesellschaftsbereichen kümmern.

Nirgendwo besser als auf Facebook wird dokumentiert, dass die Welt nicht nur aus qualitativ Hochwertigem besteht, sondern mehrheitlich auf Primitivität setzt. Gedankenlos angeklickte Likes tragen keineswegs zu den Lösungen grundlegender Probleme bei. Es gehört nun einmal zu den menschlichen Schwächen, sich wichtigmachen zu wollen, auch wenn nichts dahintersteckt. Trolle in der Netzkultur verderben die an Sachthemen orientierte Kommunikation. Aber sie erlangen Aufmerksamkeit. Trollen ist das Spiel um das Verschleiern von Sachverhalten. Das Ungute daran ist, dass Trolle wiederholt und schädlich in Umlauf gebracht werden. Identitäten werden ignoriert oder absichtlich verletzt, Konflikte genüsslich geschürt.

Wenn das Element der Unwissenheit sich die Meinungen über die Wirklichkeit selbst zurechtrückt, kann kein vernünftiger Umgang mit den blanken Emotionen zustande kommen. Aus welchen Quellen holt man sich denn das Wissen? Das wird die entscheidende Weichenstellung sein. Noch wird wenig dokumentiert, dafür umso mehr verführt. Unstrukturierte Netzwerke sind auf Manipulation fokussiert und schwelgen in Unfairness. Mengen werden transferiert, überwiegend Unsinn, kein Wissen. Die User haben es nur noch nicht gänzlich durchschaut.

Auch wenn es millionenfach Smileys für das Lauteste in der politischen Äußerung gibt, steht immer noch die exquisite Form der öffentlichen Debatte zur Verfügung. Sie steht außerhalb der Blogger-Blasen der traditionellen Parteien. Das Engagement für die Realität ist nicht abhandengekommen. Daher geraten auch die Methoden des reellen Wissens nicht in Vergessenheit. Es wäre nicht gut, sie der Öffentlichkeit vorzuenthalten. Sie sind der Garant, dass sich Bürger/innen nicht durch Wahlversprechen linker oder rechter Extremisten verführen lassen. Wenn Differenzen im Dialog beglichen werden, setzt es voraus, dass man auf Augenhöhe mit dem Wissen steht.

Twitter will sich als Musterbeispiel für erfolgreiche Schwarmintelligenz zeigen. Zwar stimmt es, dass Nachrichten über dieses Medium schnell verbreitet werden. Die Kehrseite ist, dass auch Fakes und allerhand Unsinn sich noch rascher vermehren. Die einseitige Sozialisierung über die sozialen Netzwerke vermehrt die kollektiven Fehler. Schwarmintelligenz erweist sich immer mehr als eine erregende Form der Abstumpfung. Die Weisheit der Massen dokumentierte sich immer schon als großer Irrtum. Verunsicherung und Krisen waren die Folgen. Nicht die Dummheit der Vielen, sondern die Weisheit der

Fachkundigen sollte genutzt werden. Das wird sich langfristig auch in den sozialen Netzwerken durchsetzen. Nur wenn Kreatives auf Augenhöhe des Wissens ausgetauscht wird, macht es Sinn. Schwarmintelligenz zieht nur, wenn anspruchsvolle Ideen sich gegenseitig stimulieren.

In der Rauheit von Realität darf die Zivilgesellschaft nicht verflachen. Ihren Mitspielern bekommt es schlecht, wenn sie geistlos dahinleben. Geistige Passivität ist zu vermeiden. Das Geschehen ist richtig einzuschätzen, damit rechtzeitig erkannt wird, was falsch läuft. Das Weltgeschehen tickt meist anders, als man glaubt. Wer Bescheid weiß, wie und wo vorzugehen ist, wird den positiven Outcome sichern. Wissen, Transparenz und Fairness führen zu Qualität. Werte und die Wünsche auf eine positive Lebenshaltung sind Marker, die nicht zur Kolonialisierung des Anderen da sind.

Netzwerke sollten keine Angst machen. Angst ist Sand in jeder Art von gesellschaftlichem Getriebe. Die Wahrnehmung der Interessen darf nicht einseitig sein, sonst führt sie zu unnötiger Polarisierung. Eine neue Intelligenz in den Netzwerken wird die zukunftswirksamen Projekte weiterführen. Möglichst schnell sollte man begreifen, was da vor sich geht. Die Ressourcen jedenfalls stehen davor, neu geordnet zu werden.

Bildung und mit ihr ein korrektes Quellenbewusstsein sind mehr denn je zu pflegen. Wenn Zynismus ins Machtspiel eingespeist wird, tritt grundlegend Misstrauen auf. Verschwörungstheorien, Desinformation und Falschinformationen verbreiten sich rasch. Sie bilden ein anonymes nicht zu unterschätzendes Kraftfeld. Der unsachgerechte Umgang mit dem Skandal macht die Sache oft noch schlimmer. Die Spaltung der Gesellschaft in den industrialisierten Ländern ist nicht von vornherein eine solche in Arm und Reich, sondern in Desinteressierte und gut Ausgebildete. Das Desinteresse hat natürliche und gesellschaftliche Ausgangslagen. Armut ist vielerorts mit Interesselosigkeit verbunden. Die flächendeckende Verarmung geht meist auf ein niedriges Bildungs- und Arbeitsniveau zurück. Interesse bestand aber immer schon in einer Holschuld, nicht in einer aus Lethargie bestehenden Bringschuld.

7. NEUE IDEEN

Wenn man den Status-quo halten will, ist er in seiner Beschaffenheit schon gefährdet. Was Europa nicht wagt, werden andere im gigantischen Maßstab tun. So steckt die zweitgrößte Volkswirtschaft der Welt, China, viel Geld in ihren Plan "China 2025". Da möchte ein Herrschaftsregime unter allen Umständen Weltmarktführer werden, von der Elektromobilität über künstliche Intelligenz bis hin zu neuen Werkstoffen und Medizin-Techniken. Viel Know-How wurde im Westen aufgekauft, jetzt drängt viel chinesisches Investment in die westliche Welt ein. Wer dann noch erfährt, dass ausländische Firmen in China nicht so frei agieren dürfen, der müsste zugeben, dass Zuschauen keine Lösung ist. Politische Kulturen können durch Cash von außen verändert werden. Die Rechnung wird dann bei wichtigen politischen Einflussnahmen präsentiert.

Eine Gesellschaft kann man nicht auf dem Reisbrett entwerfen, wohl aber ihre Politik. Und gute Politik ist nun einmal personalisiert. Der Wille zur rationalen Macht, gepaart mit Entscheidungsfreude und Durchsetzungs-fähigkeit, braucht validierte Konzepte. Die Gängelung durch Massenpsychosen bringt jedenfalls keine guten Ergebnisse, höchstens Unruhe. Wenn Zukunftsstrategien greifen sollen, dürfen sie nicht in Scheinwelten abdriften. In jeder Strategie für die Zukunft muss mit Wahrscheinlichkeiten gerechnet werden. Das Progressive als auch die Verteidigung der beständigen Werte könnten in den Denkstuben der europäischen Institutionen konstruktiv erarbeitet werden. Dem Frieden jedweder Art müssen wir nachjagen, er wird nicht so ohne weiteres geschenkt.

Die europäische Gesamtpolitik wird sich damit beschäftigen, wie man aus dem Wirrwarr herausfindet, das durch Umwelteinflüsse, Migrationen, Finanzkrisen oder Ungerechtigkeiten entsteht. Und sie wird zur Kenntnis nehmen, dass nicht alles reibungslos vor sich geht. Auch im Kompromiss kann das Falsche getan werden. Fest entschlossen und resolut für die Richtigkeit der Resultate einzutreten, ist besser als kompromissbereit, aber folgenschwer katastrophal zu handeln. Es macht nur wütend, wenn man Gelegenheiten verpasst.

Politik ist damit beauftragt, gegen Krisen aktiv etwas zu tun. Nervosität zahlt sich nicht aus. Das bestehende Niveau bloß aufrecht zu halten, ist zu wenig. Es muss darüber hinaus gehandelt werden, sonst fällt Politik in den Zyklus der reinen Administration zurück. Der politische Geschmack kategorisch grüner Parteien bringt auch keine Lösung, er macht eher

Angst. Konjunkturprogramme laufen nicht von alleine, sie müsse gut durchdacht sein. Gerechtigkeit für die Generationen besteht darin, Investitionen sowohl für die Zukunft als auch für die Gegenwart zu tätigen. Die Gegenwartsfrage beschäftigt sich mit dem jetzigen als auch mit dem morgigen Wohlgefühl.

Man hat hoffentlich gelernt, veraltete Technologien nicht zu lange zu schützen. Wenn Politik die falschen Rahmenbedingungen erstellt, wird es verhängnisvoll. Jede Art von Verstaatlichung hat nur ökonomische Defizite gebracht. Die Entscheidungen liegen im Markt, er braucht aber auch die Kontrolle. Das Monitoring funktioniert am besten, wenn es von außen, nicht vom Staat und nicht vom Markt, sondern von separaten Agenturen der Wirtschaft durchgeführt wird. Am internationalen Finanzmarkt gelingt dies schon seit langem. Warum sollte es keine effektiven Agenturen für Nachhaltigkeit geben?

Politik ist generell durch Konventionen geprägt. Sie stützen sich auf bestimmte Werte. Die politischen Denkfabriken und die eingesetzten Manager der Politik, wenn sie solche sind, schreiben die Partitur. Ergebnisse ohne Erfolgserlebnis begründen einen systemischen Teufelskreis, aus dem man nicht mehr so leicht herauskommt. Das politische Management muss Stärke erlangen, um auch das Krisenhafte positiv zu bewältigen. Es wird nie gelingen, mit Starrsinn gegen den festgezurrten Willen ganzer Gruppierungen anzukommen. Wenn man jedoch den Zugang zu weiterem Nutzen schafft, könnte es glücken.

Die tiefgreifenden Veränderungen schaffen neue Potenziale, sie vermehren den Hunger nach neuem Wissen. Was sich vorläufig in den Köpfen niedergelegt hat, ist noch kein Handeln in die neue Richtung. Die möglichen

Konsequenzen so einfach zu negieren, ist
unverantwortlich. Europa wird Grundlagen
schaffen, die zukunftsorientiert kompatibel
sind. Das bedarf gemeinsamer Strategien,
die mit viel Gespür und Präzision erarbeitet
werden. Wer sollte dies besser
bewerkstelligen als gut funktionierende
europäische Institutionen. Leadership
verlangt Visionen, Strategien und daraus
resultierende Aktivitäten. Es sind die
innovativen Ideen, die das Gefüge Europas
auf dem neuesten Stand halten. Das darf
sich nicht bloß auf Schlagworte reduzieren.
Was verheißungsvoll erscheint, wird schon
vor seiner Veröffentlichung aufgespürt. Das
Hochaktuelle ist dann wegbereitend zu
entfalten. Was Europa verbindet, ist
wichtiger als das, was seine Bürger trennt.

Ruhe wird es nie geben, das wäre tödlicher
Stillstand. Auch wenn die manchmal
zahlenmäßige Übermacht unreif reagiert, ist
sie nicht zu missachten, denn ihre Gewalt
kann alles niederwalzen. Es hilft nur, das

Engagement auf Qualität zu setzen. Man wird sich die Fragen nach den Ursachen der Situationen stellen müssen. Die Einschränkungen im qualitativen Denken bremsen nur.

Der energetische Wandel hat sich in das veröffentlichte Bewusstsein eingenistet. Es gibt allerdings Ansichten, die sich dem verschließen. Sie behindern die weitere Entwicklung. Ein Nachgeben wäre für die Gesamtgesellschaft fatal. Aber auch eine völlig absorbierte Ökologie-Politik wird sich in der Fortentwicklung nicht durchsetzen können. Immerhin hilft sie dabei, den Rechtsextremismus aufzuhalten. Europapolitik wird sich damit auseinandersetzen müssen, wie mit Destruktivität in den eigenen Reihen umgegangen wird. Die aus den rechts- und linksextremistischen Ecken organisierten Querelen wird man nicht ausschließlich mit diskursiven Argumenten eindämmen können. Die geeigneten Mittel, sich vor

Verschleppungs-Aktionen oder vor Vernebelung von Aktivitäten zu schützen, finden sich im Controlling von außen. Es ist in der Lage, aufzuzeigen, wann die Bilanz zu kippen beginnt. Bekenntnisse allein werden aus Management-Sicht nicht genügen. Die Dringlichkeit von Projekten muss rechtzeitig erkannt werden.

Die empirische Wahrnehmung gehört zur Pragmatik des politischen Managements. Viel Bedeutendes zerbröselt, wenn man sich nicht auf das Wesentliche konzentriert. Die externe Beobachtung außerhalb der Enge der Käseglocke wird für die europäischen Institutionen zu einem Muss. Deswegen steht an erster Stelle, noch vor der Meinungsbildung, die kompetente Bewertung. Sie gehört unbedingt der Öffentlichkeit übersetzt.

8. IDENTITÄT

Die Europäische Union stellt in ihrer Ganzheit einen kompakten Player im Innenverhältnis und nach außen dar. Anstatt die Institutionen in Frage zu stellen, müsste man ihnen einen Feinschliff verpassen. Auch bedarf es einer digitalen Unions-Kultur, um die Prozesse der Transformation beschleunigen zu können. Eine der innovativen Zielprojektionen könnte sein, sich auf die Schaffung von Großregionen zu konzentrieren. Damit würde die Zusammenarbeit mit allen Units auf den verschiedenen Ebenen gefördert werden. Transparenz und Flexibilität in der Umsetzung ist eine unbedingte Voraussetzung. Die zwischenregionale Zusammenarbeit dient nicht nur der europäischen Gesamtheit, sondern bietet

den Regionen selbst einen beträchtlichen
Mehrwert. Ihrerseits pushen sie damit
gleichzeitig die Kommunen. Auch die
Wasserkopf-Funktion der europäischen
Hauptstädte würde abgeschwächt werden.
Es käme mehr Elan in die politische
Kreativität hinein.

Stemmt sich das schlechte politische
Gewissen gegen den digitalen Mess- und
Beratungswandel? Transformationen
müssen nun einmal beobachtet,
begutachtet und kommuniziert werden.
Unsicherheiten in der europäischen
Ausrichtung schweben in der Luft. Befindet
sich das politische Europa auf Kollisionskurs?
Entstehen moderne Plattformen oder
wiederum nur neue Partei-Schubladen? Was
fehlt noch, um Lust auf Europa zu
bekommen? Es wäre an der Zeit,
Kandidaturen für ein neues politisches
Management aufzureißen.

Sind Identitäten einmal geschaffen, wollen sie auch gepflegt sein. Den jeweiligen Nachbar-Parteien misstraut man am meisten. Die ständigen Verdächtigungen und gegenseitigen Sticheleien unterminieren die positiven Vorgehensweisen. Das wird von den kommenden Generationen so nicht gewollt sein. Man merkt es an den Ergebnissen der überregionalen Wahlen. Die bedeutsamen Ideen auf die politische Zukunft des Kontinents finden sich leichter in einem Modell, das alle geschmiedet haben. Da die Bandbreite der gesellschaftlichen Lebensformen groß ist, müssen die auftretenden Unterschiede schon ausgehalten werden. Dann könnte es auch gelingen, Brücken zu bauen und gemeinsame Strategien für den Handel und die Finanzen, für die Migration und die Flüchtlinge und für den Klimaschutz zu konstruieren. Am Beginn der diskursiven Vorgehensweise steht die Idee. Wer sich

nicht zu denken traut, wird das
Parteiendilemma nie auflösen können. Auch
in der Politik sind die Gravitationskräfte
multikausal.

Die erdrückende Dominanz von Ideologien
einer vermeintlichen sozialen Gerechtigkeit
hilft nur, die Ungleichheit zu vergrößern. Es
ist zu erwarten, dass die falsch verstandene
soziale Gerechtigkeit sich im weltweiten
Wettbewerb totläuft. Das Soziale wird aus
der Leistung gespeist werden müssen, sonst
hat es keine Chancen. Eine Sozialpolitik, die
mit richtigem Augenmaß erfolgt, darf nicht
von vornherein als Sozialabbau
missinterpretiert werden. Der Schwerpunkt
in einer modernen Politik treibt vom
Sozialen zum Ökonomischen. So wie sich die
Ökonomie der Bewegung im Sport und in
der Wirtschaft bezahlt macht, wird sie es
auch in der Politik tun. Die europäische
Gemeinschaft hat Anomalien im Verhalten
ihrer Gesellschaften gemeinsam anzugehen.
Die simple Identität Europas gibt es nicht,

sie besteht immer aus vielen Identitäten. Die
Umkehr der Initiativen vom Abstrakten hin
zu den Lebensweisen der betroffenen
Bevölkerungen schafft den Anreiz auf
Veränderung. Das wird den Unterschied
zwischen Blendern und Lenkern ausmachen.
Wenn man Ineffizienz bemängelt, muss man
sie auch transparent machen.

9. STRUKTUR UND INSTITUTIONEN

Das Europäische Geflecht der Institutionen wird getragen von den zwei Grundpfeilern Kommission und Parlament. In der Kommission spielt sich das Management ab. Sie ist das Zentrum der Ideenfindung und Problemlösung. Sie müsste so wie ein erfolgreiches Unternehmens-Management fähig sein, kontinuierlich neue und außergewöhnliche Strategien hervorzubringen. Bevor Ideen und Vorschläge reif sind, aufgelegt zu werden, sind einige Phasen zu durchlaufen. Bis zur endgültigen Definition der Sachlage wird viel beraten, analysiert, abgewogen und geprüft.

Die Vorhaben werden vom Parlament abgesegnet. Im Fußball-Jargon schießt die Kommission die Vorlagen zu den Toren, die Administration in den Regionen finalisieren sie, während die Schiedsrichter-Entscheidungen beim europäischen Parlament liegen. Allerdings gibt es einen grundlegenden Unterschied in der Struktur zwischen Kommission und Parlament. Erstere bildet aufgrund ihrer Identität eine Einheit. Trotz ihrer internen Verzweigungen agiert sie geeint. Das Parlament hingegen ist aufgrund divergierender Interessen von Parteien ein in sich konkurrierendes Gremium. Jede Fraktion ist kontrovers zur anderen. Die Ergebnisse werden dann durch Abstimmungen im Mehrheitsprinzip erzielt.

Die Kontrolle müsste korrekterweise von außen erfolgen. Qualität und Funktionstüchtigkeit im Auge zu behalten, bedeutet sowohl den Erfolg als auch die Bedenklichkeit der Europapolitik korrekt zu prüfen. Gibt es eine konsequente Umsetzung der erarbeiteten Pläne? Wie sind Einfluss und Macht einzuschätzen? Die Zuverlässigkeit der Institutionen ist für die europäische Entwicklung ausschlaggebend.

Sie darf nicht auf der Strecke bleiben. Die Konsequenzen für den Kontinent wären fatal. Das führungsunfähige Vehikel würde orientierungslos dahinpoltern. Es ist also politisch existenziell wichtig zu pflegen, was die Glaubwürdigkeit aufrechterhält.

Die endgültigen Entscheidungen der europäischen Institutionen verpflichten das gesamte europäische Gemeinwesen. Da haben separate nationale Querschüsse keinen Platz. Vor allem nach außen hin ist es sinnig und zweckdienlich, mit einer Stimme zu sprechen. Bilaterale Psychologie einzelner Teile des Ganzen hat da nichts mehr verloren. Was sich in Europa auf wirtschaftlichen, wissenschaftlichem oder militärischen Terrain abspielt, ist in Zukunft eine gemeinsame europäische Angelegenheit.

Grundsätzliches Erfordernis für den Zusammenhalt in Europa ist die Kompatibilität der europäischen Zentrale mit der Peripherie. Modernisierung schafft nicht immer gleich Enthusiasmus bei allen Völkern. Auf diesem Glatteis tut die spaltende Haltung aus den nationalen Ecken den Anliegen der Gesamtheit nicht gut. Alle sollten wissen, dass die optimalen Optionen zur politischen Gestaltung für die Bürger/innen sich nur auf transnationalen Plattformen abspielen. Was wird den kommenden Generationen vermittelt? Wie vor dem Blick der Schlange erstarrt, sind die altorientierten Personalien auf die vergangenen Strukturen fixiert. Sie begreifen die Gesellschaftsentwicklung in die Zukunft einfach nicht.

Überparteilichkeit in der Sache täte den Institutionen gut. Sie gedeiht am besten dort, wo sich Parteien auflösen. Man könnte damit beginnen, ihre Macht einzuschränken. Die heillosen Mini-Pluralismen des Kontinents verlieren sich im Dschungel der globalen Irritationen. Entscheidungen müssen klar begründbar sein. Daher gilt es, den visionären Einsatz und die verwendeten monetären Mittel zu erklären. Wer den Gesamtplan aufstellt, darf die peripheren Kräfte nicht außen vor lassen. Die europäischen Achsen haben ihre Bedeutung. Achsen, die sich drehen, sollten alle Teile des Apparates in Schwung halten. Mut zum Risiko muss vorhanden sein, sonst werden neue Ideen nicht ausgetragen. Ständig auf einen kleinkarierten Konsens angewiesen zu sein, unterbindet jegliche Dynamik, ob in der Außenpolitik, in der sozialen oder militärischen Sicherheit, in Steuerfragen, in Fragen der Gesundheit und des Allgemeinwohls. Die politische Handlungsfähigkeit ist massiv eingeschränkt. Ein Flickwerk an Einzelmaßnahmen kann einem innovativen Geist nicht entsprechen und wird auch zu keinem umfassenden Wandel führen.

Ein gravierender Hemmschuh in einer übernationalen Organisation ist das Einstimmigkeitsprinzip. Wenn ein einzelnes

Zahnrad blockiert, kann der ganze Mechanismus nicht mehr funktionieren. Postulierte Einstimmigkeit bringt nicht Gerechtigkeit, sie dient der Manipulation. Sie verhindert prinzipielle Entscheidungen zum allgemeinen Gemeinwohl. Der UN-Sicherheitsrat demonstriert diese Miss-Funktion schon jahrzehntelang bei zahlreichen weltbedeutenden Entscheidungen. Die Europäischen Institutionen können sich solche Flops nicht leisten. Solche Miss-Kalkulationen sind zu verhindern und es müsste doch endlich ein gemeinsamer Vorstoß zur Erneuerung der Regeln gelingen.

10. KRAFT DER REGIONEN

Die Organisation der Regionen und die Neu-Orientierung der Kommunen in Europa ist nichts Utopisches. Sie könnte relativ rasch umgesetzt werden. In der Ausrichtung auf das ganzheitliche Konstrukt Europa ist dies ein zukunftsträchtiger Zugang. Regionen sind intensive geographische Handlungskreise für Wirtschaft und Politik. Dort liegt der politische und wirtschaftliche ‚Local Content'. In den Regionalstrukturen muss es ein eigenes Politik-Marketing, eigene Finanzen und eigene Operations geben, die taktisch auf die lokalen Ziele hinführen. Alles soll und kann man nicht vergemeinschaften. Aber aus der Verlinkung der Regionsinteressen vertieft sich das gesamteuropäische Management der Politik. Die abgeleiteten Potenziale werden auf diese Weise rasch auf die einzelnen Regionen verteilt. Die Vorzüge der freien und sozialen Marktwirtschaft gehören in der Kommunikation hervorgehoben.

Für die Volksgemeinschaften mag es befreiend wirken, die Identität in einem neuen Zusammenhalt zu finden. Politische Organisationseinheiten sind zweckorientiert. Ihre Targets sind Wirtschaft, Kultur und Verteidigung. Das gibt die nationale Kleinst-Unit nicht mehr her. Sie verfügt nicht über das Potenzial, Frieden und Freiheit zu erhalten. Auch der materielle Wohlstand wird erst in einer überregionalen Konsistenz beflügelt. Ganz allgemein wird das von der Öffentlichkeit auch so gesehen, aber sich dafür einzusetzen, dazu fehlt noch die Motivation.

Die ökonomisch-kulturelle Gestaltung der Groß-Regionen findet ihre Stützen in den Kommunen, den untersten Einheiten der politischen Verwaltung. Die Gemeinden

gehören in die Regionen fest integriert.
Städte und Gemeinden sind intensiv an den
Ausrichtungen einer Gesellschaft beteiligt,
die sich für eine Politik der Nachhaltigkeit
einsetzt.

Die Bewegungsmechanismen und
Entscheidungsfaktoren der Verwaltung
Europas sind interaktiv. Das vernetzte
Organigramm von Zentrale, Regionen und
Kommunen ist geeignet, Eifersüchtelei,
Geheimnistuerei und Ineffizienz in der
Verwaltung zu unterbinden. Das nationale
Hickhack sollte vorbei sein. Die Gemeinden
verkörpern das Wollen und das Reflektieren
der Bewohner in der kleinsten
administrativen Unit. Sie bestimmen das
Leben im nächst höheren Segment, den
Provinzen. Im Zusammenschluss formen die
Provinzen das gemeinsame Potenzial der
Großregion.

Emissionen am Kapitalmarkt würden
zusätzliche Geldmittel hervorbringen. Die

Großregionen werden über eigene Arbeitsstrukturen mit den ihnen entsprechenden Schwerpunkten verfügen. Diese gilt es einzusetzen und zu entwickeln. Die Aufgaben der Regionen werden in den transnationalen Prozess eingegliedert. Die ersten Versuche laufen schon in der Region Centrope, im Ostseeraum, im Alpenraum, im atlantischen Raum, im adriatisch-ionischen Raum. So sieht sich das autonome Südtirol nicht mehr als klassische nationale Provinz, sondern als Teil eines größeren regionalen Bundes. Immer mehr autonome Konstrukte setzen sich durch.

Neue Finanzquellen sind für solche Projekte zu mobilisieren. Ein Europäischer Währungsfonds, der die Stabilität der Eurozone gewährleistet, wäre ein effektiver Effizienz-Beschleuniger, um die Schaffung der Groß-Regionen schneller zu entfachen. Vorläufig könnten die Aktivitäten aus dem europäischen Struktur-Fonds gefördert werden. Weitere Emissionen am

Kapitalmarkt würden zusätzliche Geldmittel hervorbringen. Es ist ein föderalistisches Konzept, das auf Verbindung und Kooperation setzt.

Mehrere Provinzen packen gemeinsam an, damit der Zusammenschluss vorangetrieben und dauerhaft institutionalisiert wird. Welche Effekte sind zu erwarten? Die sozialen Schutzsysteme werden ausgeweitet und die Einkommens- und Beschäftigungsrisiken minimiert. Die Koordinierung von Arbeitsplätzen zur Teilzeit ist leichter zu handhaben und die Beschäftigungschancen in den erworbenen Qualifikationsstufen werden erhöht. Damit wird dem Auseinanderdriften von Arm und Reich entgegengesteuert. Die wirtschaftlichen Planungsmöglichkeiten verdichten sich im Markt, in der Umwelt, in Verkehr und Bildung. Es ist ein gesellschaftlicher Fortschritt, wenn Diskriminierungen wegen der Staatszugehörigkeit wegfallen. Ausgefeilte

Systeme der Weiterbildung entfalten sich auf einer breiteren Ebene. Die Beschäftigungspolitik öffnet sich für umfassende Koordinierungen. Dies stärkt die Chancengleichheit bei gleichzeitiger Erhöhung des Qualifikationsniveaus. Die sektoralen Ungleichheiten verflachen. Es macht sich also bezahlt, ein vereintes und starkes Europa zu unterstützen, das die regionale Selbstverwaltung hervorhebt und durch gelebte Subsidiarität so bürgernah wie möglich agiert.

Die Regionen wirken aktiv an der europäischen Gesetzgebung mit, sind sie doch im Europäischen Parlament vertreten. Da die Detailthemen an den übergeordneten Vorgaben hängen, müssen vorerst die Makroprobleme in der Zentrale gelöst werden. Sie sind automatisch auf die Konsequenzen in den Regionen gerichtet. Die ersten Schritte wurden bereits im Europäischen Ausschuss der Regionen getan. Es ist dies die Annäherung an ein umfassenderes System. Die Wahrscheinlichkeiten des europäischen Fortschritts müssen konkret angewandt werden, es darf nicht bei der Modellierung bleiben.

11. WAHLEN

Für die europäischen Wähler/innen ist es nicht uninteressant an einem Stimmungsbarometer abzulesen, wie die Prozentpunkte der Akzeptanz über den ganzen Kontinent verteilt sind. Bloß nationalspezifische Richtwerte verzerren das Bild der Gesamtstimmung. Das Besondere an europaweiten Wahlen ist, dass sich die Bürger/innen für oder gegen ein funktionsfähiges Europa entscheiden. Manchmal ist es ein Spiel mit dem Feuer. Alle schauen hin, wie hoch der Einsatz ist. Es ist kein ruhiges Treffen zu einer x-beliebigen Abstimmung. Dort drückt sich die Bereitschaft der Völker offiziell aus, Verantwortung für das Gemeinsame zu übernehmen.

Wem und wofür sollen die Menschen an der Urne ihre Stimme geben? Wofür interessieren sie sich überhaupt? Wenn ihnen ihr Ruf im Ausland unwichtig ist, bedeutet es, dass ihnen die Wirtschaft egal ist. Dieser Schluss ist ihnen vielleicht gar nicht so bewusst, da sie ja immer noch aus den internen nationalistischen Schablonen instruiert werden. Natürlich gehören ‚leistbares Wohnen', soziale und physische Sicherheit zu ihren Grundbedürfnissen. Diese sind jedoch mit den Ursachen für den Wohlstand verlinkt. Und wie sieht es mit dem Interesse an Klima und Ökologie aus? Wer sich nicht informiert und dennoch zur Wahl geht, verfügt über wenig Wahlkompetenz. Warum tut man es trotzdem? Womöglich ist es Ausdruck von einem Massenphlegma.

Politik erreicht ihre Bürger/innen am besten, indem sie informiert. Motivation und Koordination sind die Kräfte, die politisches Handeln vermitteln und dann aus dem gegenseitigen Feedback heraus zu neuen Aktivitäten antreiben. Davon hängen soziales und wirtschaftliches Wohlbefinden, Sicherheit und Gerechtigkeit ab. Man kann diese Themen nicht gegeneinander ausspielen. Daher brauchen alle Involvierten die entsprechende Fachunterstützung aus den für sie errichteten Profit-Centern in der EU-Kommission. Die Dachorganisation sollte es doch fertig bringen, sämtliche Teilbereiche zu koordinieren. Das Optimum ergibt sich aus ihrer Verlinkung. Aus gerade diesem Grund sind Pläne und Vorhaben auf ihre Zweckmäßigkeit regelmäßig von außen zu prüfen.

Es klingt so einfach, sich erfolgreich zu präsentieren. Schwierig sind die politischen Player einzuschätzen, die von den nach vorne gerichteten Ideen wenig Ahnung haben. Man wird den Eindruck nicht los, dass noch viel zu viel gepfuscht wird. Die Gelegenheiten, Zukunft korrekt zu bewältigen, sind ins Visier genommen. Die verwöhnte Gesellschaft muss wieder aufgerüttelt werden. Die Verantwortung darf nicht zur Nebensache deklariert werden. Wenn sich alle gegenseitig zum Handeln aufmuntern, kommt es der Weiterentwicklung des Kontinents zugute. Das Ganze wird schon nicht zusammenbrechen, bevor irgendwelche Zwischenziele erreicht worden sind.

Ob die Wahlkämpfe gehackt oder die Stimmungslagen vergiftet wurden, ob der Wahlausgang Überraschungen oder einen definitiven Auftrag lieferte, nach den Wahlen ist man noch lange nicht am Ziel. Die realen Netzwerke haben Vorrang vor den virtuellen. Es gibt genug zu tun, um den verschiedenen Sorten von Druck in der Globalisierung zu widerstehen. Die Handhabung der Erfolgsinstrumente ist nicht ganz so einfach. Das Zeitalter der vielfältigen Möglichkeiten sollte nicht verschlafen werden.

Die Chancen zur Erneuerung sind gegeben, ihre Nutzung muss gut überlegt sein. Change-Management in der Politik hat seine Bedeutung. Neue Kooperationen schaffen innovative Profile für das europäische Gemeinwohl. Wie sehen die Maßnahmen für eine verbesserte Qualität von Politik aus? Das Outsourcen des Evaluierens wird unerlässlich. Auf dem Weg zur Spitzenleistung wird viel Training, Energie und Charisma abverlangt. Politik ist definitiv im Raum der Effizienzgestaltung angelangt. Zur Optimierung gehört dazu, das Image-Potenzial geschickt auszuschöpfen. Was in der Politik geleistet wird, darf nicht der internen Beurteilung durch Parteien überlassen werden.

Die Chancen Europas werden in den Institutionen aufbereitet und dann in den Programmen veröffentlicht. In den Wahlgängen artikulieren die europäischen Völker ihre Solidarität zu bestimmten Projekten. Ihre Interessen hängen sich an den politischen Entscheidungsprozess an. Dazu brauchen sie objektivierte Informationen, die für die Impulse im Meinungsaustausch sorgen. Eigene Plattformen für die europaweite Kommunikation sind zu errichten. Da die Möglichkeiten zur Manipulation im digitalen Bereich ungleich größer als bei den analogen Medien sind, müssen sich gerade dort professionelle Agenturen zur Bewertung etablieren. Das Abwägen der Argumente bleibt der Politik, dort wo die Verantwortung liegt. Sie müssen nur wissensbasiert erarbeitet werden, dann gibt es auch positive Resultate. Nicht das bloße Moderieren ist gefragt, sondern die klare Einschätzung der Umstände. Die Wählerschaft könnte sich darauf berufen, wie es wohl ausgehen könnte, wenn dieser oder jener Faktor berücksichtigt wird. Die Abfrage am Daten ausspuckenden Monitor hilft im Wahlverhalten. Viel mehr

Wähler/innen sollten sich ihrer Mitverantwortung bewusst sein.

Natürlich spielen die sozialen Milieus eine ausschlaggebende Rolle im Spiel der Kräfte. Unterschiedlich werden die Angebote der finanziellen Tendenzen ausfallen. Trotz allem kann sich die Interaktion auf die Schnittstellen der Interessen berufen. Auf die Durchlässigkeit neuer Ideen wird es ankommen. Sie bestimmt die Erfolgsquote bei der Wählerakzeptanz. Selbst unterrepräsentierte Gruppen könnten sich angesprochen fühlen. Dies stellt die europäische Politik sowohl organisatorisch als auch bei der inhaltlichen Entwicklung ihrer Vorhaben vor neue Aufgaben. Die europaweite Verständigung darüber, wie Vielfalt in den Großregionen verstanden, eingebunden und gelebt werden soll, ist eine lohnenswerte Funktion europäischer Politik.

12. WARTUNG DER POLITIK

Wie mit dem Wissen und der Erfahrung in der Politik richtig umgehen? Will man konsequent auf Leistung und optimalen Output setzen, wird politisches Consulting unumgänglich. Der europäische Status ist gehört ständig überprüft und gepflegt, damit die Systeme nicht kollabieren. Der Werterhalt des europäischen Konstrukts bleibt gesichert, wenn die Vorgangsweisen ständig auf ihre Richtigkeit gecheckt werden. Die Frage dreht sich darum, was das Consulting vorbereiten kann, damit ein messbarer Erfolg erzielt wird.

Die Wartung gehört zu den wichtigsten Mechanismen einer modernen Administration. Denn Politik sollte weder ins Stocken noch in die Verwirrtheit geraten. Vorgänge, die von der Zielsetzung abweichen, sind nicht erwünscht. Fehlgriffe sind möglichst rasch zu korrigieren, noch besser ist es, sie zu vermeiden. Es zeugt von nicht tolerierbarer Nachlässigkeit, wenn sich Irrtümer, Täuschung oder Nichtwissen zunehmen. Die Denkfehler in der Politik sind vermeidbarer als man glauben könnte. Es ist fahrlässig, Messdaten zu übergehen und Gefahren nicht aufzuzeigen.

Die Kerngeschäfte werden nach ihren Prioritäten aufrechterhalten.. Von der Diagnose und der Generierung neuer Ideen will ja jede einzelne Zielgruppe ihren Nutzen ziehen. Der gesamte politische Zyklus braucht starke Überzeugungskraft und wissensbasierten Nachdruck. Die Kontrolle politischer Qualität zahlt sich aus. Die europäischen Institutionen müssen es schaffen, die Agenden des Kontinents bestmöglich zu koordinieren. Es nützt wenig, wenn sie immer die kleinen Ursachen erkennen, aber kein Auge für die Zusammenhänge haben. Daher braucht es

ein außerhalb der Politik angelegtes Rating
auf der Basis unabhängiger Evaluierungen.
Der daraus resultierende
Gedankenaustausch wird durch ein
professionelles Coaching modelliert. Das
macht den Sinn von Ratings und
Evaluierungen aus. Denn auch das Managen
der Politik ist kein automatisierter Vorgang.

Die eingehende Bearbeitung der Materie im
Backstage der internationalen Beziehungen
dient dazu, auf das jeweilige Gegenüber gut
vorbereitet zu sein. Das Handling ist gut zu
überlegen. Alle Faktoren der Bewertung
fließen in die Beratung ein, um auch
schnelle Hilfe anbieten zu können. Der
positive Outcome erfolgt aus der
Kombination der vielen Ansprüche an die
Serviceleistung von Nachhaltigkeit und
Sicherheit. Er kommt dann zustande, wenn
die Erwartungshaltungen der Realität
entsprechen. Das gehört zur Seriosität von
Projekten. Macht sich Frustration schon in
der Phase der Konzepterstellung breit,

werden die Szenarien der Problembewältigung gar nicht mehr mit der nötigen Motivation angegangen. Oft gehen sie dann in der bürokratischen Teilnahmslosigkeit von Großorganisationen unter. Es liegt also viel am Ansporn durch Evaluierungen.

Wenn aufgrund der Beurteilungen verschiedene Varianten durchgespielt sind, wird auch die Zielerreichung erleichtert. Die Fremdbestätigung durch Korrekturmechanismen stärkt die Selbstbestätigung der politischen Akteure. Setzt diese Koppelung von Wirkelementen nicht ein, entstehen die aus der Politik bekannten Gewohnheiten wie gegenseitige Beschimpfung, Ausweichreaktionen, nachlassende Bereitschaft sich anzustrengen, Machtversessenheit. Setzt sich hingegen der Prozess des rationalen Diskurses durch, findet sich sehr schnell die Korrektur von Fehlabweichungen. Im Einsatz des Ratings steckt somit große Verantwortung.

Spannend sind die politischen Updates, die sich in der Reihenfolge Rating, Consulting und Entscheidungsfindung abspielen. Die Aufgabe des Consultings in der Politik besteht darin, Tipps für Optimierungen zu geben. Hilfe in Notsituationen ist nicht ausgeschlossen. Die Denkanstöße für das situative Verhalten müssen also rechtzeitig einsetzen. Dann bietet sich ein Spielraum für viele Optionen, die man der Priorität nach nicht verspielen darf. Und es gehört zur politischen Imagepflege, die politische Leistung nicht nur zu überprüfen, sondern auch transparent zu halten. Es könnte ja Wähler geben, die genauer hinschauen und die messerscharfe Analysen zu schätzen wissen.

Wenn sich politische Geschäfte auch in Grauzonen prächtig entwickeln, dürfen dennoch keine roten Linien überschritten werden. Wie geht man mit sogenannten Schurkenstaaten um? Da darf Politik die Wirtschaft nicht aus der Verantwortung nehmen. Wo Menschenrechte missachtet werden, hat die europäische Politik einen Anspruch, reaktiv einzugreifen. Die uneinsichtigen Einzelgänger in den eigenen Reihen erhöhen allerdings die Schwierigkeiten. Der gute Deal für das wirtschaftliche Unternehmen, der den politischen Zustand verschlimmert, ist abzulehnen Der ökonomische Vorteil kann in einer ernsthaft globalisierten Struktur nicht das ausschlaggebende Argument bleiben. Steuerhinterziehung, Geldwäsche, Menschenhandel, Verletzung der Pressefreiheit, politischer Mord und Genozid sind messbare Parameter, um heuchlerische Beziehungen zu unterbinden. Der wirtschaftliche Kontext bei globalen Entscheidungen ist unverkennbar. Der politische Wettbewerb lässt sich gerade mit

Hilfe der geschilderten Instrumente plakativ
in der Öffentlichkeitsarbeit kommunizieren.

13. WIRTSCHAFT UND WOHLSTAND

Kapitalismus ist keine Ideologie, auch keine Gesellschaftsform, er ist eher eine Lebensform. Sogar Ideologien wie der Kommunismus, können sich des Kapitalismus bedienen. Und sie tun es auch. Der Turbokapitalismus der sozialistischen Republik China zeigt es vor. Menschen werden immer mit Wachstum konfrontiert sein. Das Wachsen hat auch seine Regeln, sowohl ökonomische als auch technologische und besonders ethische. Auf diesen drei Ebenen werden die Maßstäbe der globalen Gesellschaft berechnet. Auf keiner darf Enttäuschung ausgespielt werden. Man darf übrigens davon ausgehen, dass die Zivilisationen sich stets in neue Aufbrüche stürzen.

Von jedem Wirtschaftswachstum profitieren die Erwerbstätigen, vor allem die gut ausgebildeten. Gleichzeitig steigt der allgemeine Wohlstands-Level aller, wenn er auch in unterschiedlichen Abstufungen wahrgenommen wird. Um große Abstürze zu vermeiden, müssen die Volkswirtschaften clever gehandhabt werden. Dazu bedarf es auf allen Ebene der Voraussetzungen eines umfassenden Know-hows. Das wiederum spricht für die Investition in Bildung. Immer dann, wenn Unternehmen aus welchen Gründen auch immer gezwungen sind, die Produktion zu drosseln, verstärken sie den Impact auf Innovation. Ökonomische Schocks kommen vor, man muss sie überstehen. Das Leben wird weitergehen. Doch bedarf es der Regulative, um das überraschend Negative zu verhindern. Nur wann stabilisieren sich die Systeme? Hat man nicht gelernt, dass eine permanent wachsende Staatsverschuldung kein politisches Kavaliersdelikt ist?

Umverteilung ist absolut kein Garant für den allgemeinen Wohlstand. Der Schaden wird vermehrt, wenn regionale Ökonomien sich gegeneinander ausspielen. Vorrangig gehören die Finanzen saniert, bevor hehre Wahlversprechen die Bevölkerung betören. Länder, die ihren Verschuldungsgrad deutlich überschreiten, setzen sich einer starken Anfälligkeit für Krisen aus. Ihre Flexibilität, sich aus den Löchern heraus zu manövrieren, schwindet.

Zunehmend wächst der Einfluss von suspekten äußeren Mächten. Umso mehr sind die Vorgangsweisen in Europa gemeinsam abzustimmen und unisono nach außen zu tragen. Im Innenverhältnis müssen sich die fiskalpolitischen Regeln der Europäischen Union durchsetzen, auch wenn sich populistische Regierungen dagegen sträuben. Wie ist es möglich, dass gewisse Staatschefs auf die ihnen gemachten Korruptionsvorwürfe mit noch mehr Opposition gegen das gemeinsame

Europa antworten können? Rückt ihnen die eigene nationale Justiz auf die Pelle, beeilen sie sich, die unliebsamen Minister einfach auszutauschen. Dieser Modus macht leider weltweit Schule.

Bei Subventionsbetrug in der Europäischen Union sind die Bürger die Zahler und die Oligarchen die Nutznießer. Die europäische Politik darf so etwas nicht bagatellisieren, wenn Fördergelder in die eigene Tasche der Politiker fließen, das heißt in die eigenen Unternehmen, oder zum persönlichen politischen Machtausbau abgezweigt werden. Missmanagement in der Politik, Fehleinschätzungen des Risikos, Korruptionsskandale, die nicht rechtzeitig aufgedeckt worden sind, verschlimmern die Schuldensituation.

Umso dringender erforderlich ist ein Change-Management der Politik. Die solidarische Einheit Europas sollte es erwirken. Das primäre Brainstorming politischer Zirkel wird immer darauf ausgerichtet sein, eine schleppende Wirtschaft neu anzukurbeln.

Teure Sozialprojekte, die kometenhaft aufblitzen, schaffen im Staatshaushalt nur Probleme, die sich im Lauf der Zeit potenzieren. Mehr Geld in den Staatskassen hat auch zur Folge, dass mehr verschwendet wird. Negativ-Projekte, die das Geld beim Fenster hinauswerfen, gibt es zur Genüge. Werden die Steuerthemen unendlich lang zerredet, zerreißt es das Gefüge. Die Kompetenz der Wahrscheinlichkeiten wird sich bewähren müssen.

Es dürfte ein Fehler sein, das Grundgehalt anzuheben, ohne progressiv die unmittelbar übergeordneten Stufen mit zu berücksichtigen. Es würde unfaire Bedingungen schaffen, die auf die Anstellungsmoral in den Unternehmen eine negative Auswirkung hätten. Auch die weniger qualifizierten Arbeiter würden die

Nachteile spüren. Europa muss sich an Leistung orientieren. Für Europa heißt Macht gleich Leistung, die für das europäische Überleben notwendig ist. Es gibt eine soziologische Begründung, dass Menschen mit höherem Wissens-Status mehr leisten als andere. Das könnte sich auf die europäische Gesamt-Gesellschaft positiv auswirken. Machtwerte in Form von Leistungswerten spielen eine große Rolle im europäischen Überleben.

Von der europäischen Wirtschaftspolitik darf man einige entschlossenen Schritte erwarten. Dazu zählen gute öffentliche Investitionen in Beschäftigung und Wachstum. Steuerregulierungen über große Technologie-Konzerne sind notwendig. Es kann nicht sein, dass diese globalen Kapitalgesellschaften zwar die Mehrheit ihrer Kunden in Europa haben, aber nichts zur wirtschaftlichen Leistung vor Ort beitragen. Sie nehmen es auch mit der Verantwortung zu einem ökonomischen

Comittment nicht ernst. Sie sind es, die Lügen und Hacking im Internet über ihre Plattformen erst möglich gemacht haben. In der Gestaltung eines gemeinsamen Steuersystems steht einiges bevor. Das Steuerniveau der einzelnen Teile ist auf ein einheitliches europäisches Level anzuheben. Die notwendige Bekämpfung der Schattenwirtschaft bedeutet nicht, die Teilzeit-Jobs abzuschaffen. Ohne sie stünden keine freien Business-Auditoren mehr im Angebot und keine Werkstudenten wären im Umlauf. Die europäische Wirtschaft - und nichtallein sie - braucht die Teilzeit-Karrieren.

Der wachsende Protektionismus der Großmächte stellt auch für Europa ein Risiko dar. Die Änderungen in der Struktur der globalen Produktionen durch Handelskriege und auch aufgrund von Änderungen in den Lieferketten von Unternehmen stellen Europa vor neue Probleme. In den weltwirtschaftlichen Turbulenzen braucht

Europa ein stabiles politisches Management, das sich auf das Wachstum der Produktivität, auf die Steigerung der Investitionen und die Schaffung von Arbeitsplätzen konzentriert. Welche Regionen sind wirklich auf eine rasche wirtschaftliche Verschlechterung vorbereitet, wenn die Risiken auf einen Wirtschaftsabfall zunehmen?

Die Strukturreformen auf gesamteuropäischer Ebene sind möglichst rasch durchzuführen. So gehört die Qualifikation der Arbeitnehmer verbessert, ein leistungsorientiertes Bildungssystem vereinheitlicht, die Innovationsressourcen ausgeweitet, ein sozial ausgewogenes Rentenniveau erstellt. Die Europäische Union braucht ein Bildungssystem, das Spitzenleistungen belohnt und die Qualifikation der Arbeitnehmer verbessert. Die Wettbewerbsfähigkeit muss durch größere Ressourcen zur Innovation verbessert werden. Die ausländischen

Direktinvestitionen sind zu fördern. Eine fundierte Stabilität des Rentensystems muss erreicht werden.

Europa ist gefordert, eine noch größere Markteinheit zuwege zu bringen. Gleichermaßen sind die Kosten der Unternehmen, die durch die unterschiedlichen regionalen und kommunalen Vorschriften entstehen, zu senken. Negativ-Projekte, die das Geld beim Fenster hinauswarfen, gibt es zur Genüge. Werden die Steuerthemen unendlich lang zerredet, zerreißt es das Gefüge. Die Kompetenz der Wahrscheinlichkeiten wird sich bewähren müssen.

Wenn die vorhandenen Finanz-Mittel aus der Gemeinsamen Agrarpolitik strategieorientiert umgeschichtet werden, entstehen Möglichkeiten, in Innovationen zu investieren. Die Europäische Kommission sollte die Wissenschaft am Kontinent unermüdlich fördern. Beispielsweise darf die

Hydroponische Forschung über die Systeme neuer Anbaumethoden nicht anderen Ländern oder anderen Forschungsstationen wie der NASA allein überlassen werden. Europa hat seinen eigenen Auftrag. Computergesteuerte Bewässerung oder biologische Schädlings-bekämpfung, die auf Pestizide verzichtet, hat in den modernen Agrar-Anbauformen Einzug gefunden. Die wirtschaftspolitische Steuerung fehlt noch. Die urbane Zivilisation schreit nach Lösungen, die einen sparsamen Wasserverbrauch, Flächeneinsparungen und biologische Reinheit garantieren.

Forst- als auch Agrarwissenschaftler fordern, von der gängigen Feldbewirtschaftung abzukommen. Die groß angelegten Agrar-Plantagen beschädigen das Ökosystem. Es entsteht ein neuer Industriezweig: Gemüsefabriken. Der Traktor wird vom Computer als Agrar-Arbeitsgerät abgelöst. Wie neue Wege beschritten werden, zeigt der Link zur Lichtindustrie. Lichtemittierende

Dioden spielen in der Pflanzenbeleuchtung eine wesentliche Rolle. Sie steuern die Quantität und den Geschmack der geernteten Produkte. Wenn dann noch der logistische Aufwand reduziert wird, erkennt man den Wert solcher Innovationen. Ein weiteres Stiefkind in der ‚Patchwork-Family‘ der Industrie ist die Futtermittelbranche, auf die in der europäischen Politik mehr Wert gelegt werden könnte.

Umweltschutz ist nirgendwo mehr auszuklammern. Selbst in Silicon Valley hat er spät, aber doch Einzug gefunden. Europa sollte seine wissenschaftliche Machtposition auf diesem Gebiet ausspielen. Auch die Revolutionen in der Energiegewinnung haben einen europäischen Namen. Die Europapolitik könnte dieses Renommee noch mehr pushen, wenn sie in ihrem inneren Gefüge mehr Macht bekäme. Ein konsequentes europäisches Energie-Management wird sich darum kümmern, ob Bioenergie, Wasserkraft, Sonnenenergie,

Windenergie oder Energie aus der Abfallverwertung vorangetrieben werden. Vielleicht wird sogar einmal die Vorstellung Wirklichkeit, dass statt mit Kernspaltung, mit Kernfusion umweltverträglich, also ohne Freisetzung von Treibhausgasen Strom erzeugt wird. Es wird voraussichtlich ein Mix von eingesetzten Technologien sein, der für die Energiezufuhr sorgen wird. Dort, wo es große Wind-Ressourcen gibt, darf es keine Atomreaktoren mehr geben. Auch das gehört zu einer gemeinsamen europäischen Verantwortung. Man kann nicht immer nur dem anderen die Vorbildrolle überlassen. Frankreich muss mehr für die alternativen Energien tun, Deutschland mehr für die europäische Verteidigung. Forschung und Ingenieurkunst sind nicht autonom, sie wollen politisch unterstützt und gefördert sein. Die europäische Forschung könnte Programme aufstellen, die die Machbarkeit politischer Visionen bestätigt. Der

Wohlstand, an den sich Europa so gewöhnt hat, wäre damit stark abgesichert.

Weltweit ist zu beobachten, dass gerade dort, wo es Paradiese der Natur gibt, die organisatorische Rückständigkeit im Nacken sitzt. Das macht besonders die noch aufstrebenden Länder kaputt. In den fortgeschrittenen Staaten wiederum fehlt ein ausgewogenes Stadt-Landverhältnis. Optimierte Infrastrukturen sollten es möglich machen, die städtischen Standards auf das Land zu streamen. Die Verbindung von Landschaft und Wissen sollte unverzüglich auf dem Programm stehen. Die modernen Informationstechnologien könnten dem immer häufiger auftretenden Brain-drain entgegenwirken.

Länderübergreifende Raumordnungen gehören ebenfalls auf die Skala der gemeinsamen Strategien. Ein überbordender Tourismus darf nicht die für wachsende soziale Spannungen in einem Gebiet des intensiven Fremdenverkehrs sein. Im Mittelpunkt der gemeinsamen Interessen steht immer die Lebensqualität. Klimathemen haben sehr viel mit Wirtschaft und Forschung zu tun. Es ist nicht zweckmäßig, dieses Feld ausschließlich den Ökologisten ohne Wirtschaftskompetenz zu überlassen. Wenn die Mechanismen von Ökologie und Ökonomie gegeneinander arbeiten, wird das Resultat frustrierend sein. Die Vibrationen spielen sich im Flair der Nachhaltigkeit ab. Und die ist integrierter Bestandteil sowohl des Umweltschutzes als auch der Wirtschaft.

Die Ansätze der Innovations-Politik sind multidimensional. Sie betreffen nicht allein die Energie, die Mobilität und den Verkehr. Zum Problemkreis des Klimaschutzes gehört die Landwirtschaft genauso wie die Nahrungsmittelproduktion generell. Alle Teilbereiche verlangen nach globalen Maßstäben der Erneuerung. Handelsstreite dürfen nicht auf Kosten der Nachhaltigkeit ausgetragen werden. Wenn die Generalisten der Politik den Spezialisten der Wissenschaft keinen Glauben mehr schenken, werden die Auswirkungen in Katastrophen münden.

Die Planung unserer Vorfahren ist natürlich nicht eins zu eins auf die Verhältnisse der heutigen Welt übertragbar. Aber die Philosophie, die Anbauflächen zu ändern ist die gleiche. Heute sind

Trinkwasser und Nahrungsmittel für mehr Milliarden Menschen zu sichern. Daher muss sich Politik ständig darum bemühen, den technischen Fortschritt anzufeuern. Ihre Verantwortung bleibt nicht bei Verordnungen stehen. Wenn die gesamte Wertschöpfungskette von technischen Neuerungen beeinflusst wird, kann Politik sich nicht in den Hintergrund zurückziehen. Die neuen Ansprüche der Gesundheit bestimmen das Wunschbild der Bevölkerung. Gentechnische Veränderungen

in der Tier- und Pflanzenzucht müssen unter
Kontrolle stehen, vielleicht sogar untersagt
werden. Handel und Gewerbe haben sich
auf die neuen Vorgaben einzurichten. Doch
auch das Publikum hat seine Verantwortung.
Wenn wir alle glauben, wir täten schon
genug für den Schutz unseres
Lebensraumes, unterliegen wir sicherlich
einem Trugschluss. Er würde viele der
politischen Bemühungen zunichtemachen.

14. RATING

Das perfekte Management in Wirtschaft als
auch in Politik sucht immer die Kontrolle. Sie
kann nicht umgangen werden. Nicht nur die
Wirtschaft braucht eine Infrastruktur der
Evaluierung von Nachhaltigkeit. Man kann
immer etwas in Richtung des Besseren tun.
Mit welcher Nachricht geht man hinaus?
Unnötige Verstrickungen sind die Folge von
politischen Vernebelungstaktiken. Ein
regelmäßiges Monitoring schafft Abhilfe.
Größtmögliche Transparenz hilft, Lösungen
voranzutreiben. Der inhaltliche Verfall von
Politik beginnt allerdings schon viel früher,
als es die Skandale aufdecken.

Übereinander lästern bringt nichts. Gar
nichts tun ist aber noch schlimmer. Es muss
also in der Vorarbeit so viel analysiertes
Material beschafft werden, dass die Akteure

konkret handeln können. Konkrete Messungen bringen die Vehikel politischer Führung weiter. Die Gefahr verpasster Gelegenheiten muss vermieden werden. Der Mechanismus des politischen Managements wird daher idealerweise von einer ständigen externen Analyse angetrieben. Nach wie vor gibt es zu viele Politiker/innen, die auf Zufallsentwicklungen hoffen. Sie werden es nicht schaffen, eine Trendwende vor allem in den Betätigungsfeldern der Nachhaltigkeit einzuleiten. Da es in Kooperationen Veränderungen am laufenden Band gibt, wird man auf gekonnte Flexibilität in der Planung als auch in den Handlungen nie verzichten können. Der Typus der jeweiligen Politik ist kein Aspekt von Generationen, sondern des Intellekts, bisweilen auch des Gefühls. Aus den veröffentlichten Ratings erfährt man, inwieweit die jeweiligen Player den Elan dafür einsetzen, um in Sachen Nachhaltigkeit effizient zu agieren. Die Leistungen werden berechenbar und transparent. Ergebnisse können nicht verbessert werden, wenn sie nicht gemessen worden sind. Weil das Rating die Motivation antreibt, wird es zu einem absoluten Erfolgsfaktor in der Politik. Nicht partikuläre Einkapselung, sondern Benchmarking ist gefragt. Das kontinuierliche Vergleichen wird zur Lebensaufgabe großangelegter Politik.

Zudem entsteht aus dem Engagement der Gesellschaft ein Potenzial gegenseitiger Ideen zur Optimierung von Zuständen. Publizierte Evaluierungen verstärken das Interesse an der politischen Gestaltung. Ratings der politischen Entscheidungen und der dafür verantwortlichen Personen machen die politischen Prozesse transparenter und für die Öffentlichkeit interessant. Die digitalen Netzwerke könnten sehr wohl Seriosität und Validität des politischen Handelns abbilden. Die Beurteilung von außen darf nicht allein der Emotionalität von Journalisten überlassen sein. Da bedarf es schon der Expertise in Messung und Evaluierung. Ihre Zuverlässigkeit hängt davon ab, welche Quellen der Inspiration genutzt werden, um den Outcome von Situationen korrekt einzustufen.

Die Praxis ist also zu professionalisieren. Sind die Grundzüge der Evaluierung vernetzt, lassen sich Resultate mittels Apps schnell vermitteln. Zwangsläufig ergibt sich die Frage, wie seriös die Ermittlung gemacht wurde, damit die User ihnen auch vertrauen können. Die Mängel falscher Berichterstattung sind heutzutage zu groß. Um zu klaren Aussagen in der Bewertung zu kommen, wird sowohl numerisch als auch qualitativ in den Inhalten abgewogen. Es wird ermittelt und zugegriffen. Evaluierungen sollen ja falsche Vorstellungen von geforderten Lösungen verhindern.

Eine gute Zertifizierung hat die Effekte eines Zustandes quantifiziert und ist in der Lage, sie sachgemäß zu erklären. Sie operiert nicht in Datenkanälen allein, sondern argumentiert in Stories. Ein objektives Bewerten betätigt sowohl wissenschaftlich-vernunftorientierte als auch ethisch orientierte Hebel. Wie unglaublich auch die Ursachen von Situationen sein mögen, sich nur alarmiert zu zeigen, genügt nicht. Es gibt die lange Voraussicht, die nicht ganz billig, aber immer noch einen Pappenstiel an Kosten im Vergleich zur teuren Katastrophe darstellt. Statistisch bedeutet der Anteil an politischer Vorsorge einen besseren Ertrag als die Ablenkung durch Desinteresse. Wie bringen wir Europa auf Touren? Europa muss einfach wieder im Trend liegen, dann bereitet es auch Spaß, auf allen Wissens- und Tätigkeitsfeldern zu agieren.

In puncto Sicherheit und Wohlstand gibt es grundsätzlich folgende Mechanismen: Frühwarnsysteme, Signalmeldung von

Krisen, Identifizierung der Probleme,
Sicherheitsaktivierung durch gut
durchdachte Maßnahmen, Prävention durch
geschicktes politisches Management. Auch
der Widerspruch gehört bewertet.
Leistungsmessung ist zwingend geboten,
weil in der Internationalität und Globalität
die zeitgemäßen Lebensgebiete zu komplex
miteinander verknüpft sind. Die
wirtschaftliche Wertschöpfung, die
Nahrungsmittelkette, die Forschung, der
technische Fortschritt, der Kapitalaustausch,
die Umweltstabilität und die Sicherheit sind
Größen, die von einer umfangreichen
Performance abhängen.

Die perfektionierten Beziehungen zwischen
Wirtschaft, Wissenschaft und Politik am
Kontinent werden sich aus den inhaltlichen
Vorgaben der europäischen Institutionen
ableiten. Nationale Läufe hätten kaum
Gewicht in den elementaren Dingen des
Lebens. Jede Parzellierung demontiert die
Gesamtheit. Ein Wissensmanagement zur

gemeinsamen Vorgehensweise ist in Abschottung der einzelnen Units gar nicht denkbar. Die Alltagskultur eines gemeinsamen Europas geht über seine geographischen Grenzen hinaus.

Der Vorzug der Evaluierung ist daran erkennbar, inwieweit sie auch zu neuen Aktionen anregt. Aus der Bewertung ergibt sich die allgemeine Akzeptanz. Die europäische Funktion muss sichtbar, fühlbar und handlungsfähig sein, um auffrischende Kohärenzen zu schaffen. Wenn Falsches erzählt wird, bedarf es eines sofortigen Fakten-Checks, der auch veröffentlicht wird. Was macht man mit Meldungen, die sich als falsch erweisen, was mit Meldungen, die manipulativ sind? Das Evaluierungs-Controlling ist einfach notwendig. Auf diese Weise lassen sich politische Lecks rechtzeitig aufdecken. Desinteresse und Unentschlossenheit führen zur Ineffizienz. Weniger die Affären auf dem politischen Parkett sind zu prüfen als die gravierenden

Ungereimtheiten der Themen. Es geht nicht ums Unterhalten, wichtiger ist es, keinen neuerlichen Schaden aufzubauen.

Die politische Bilanz wird aus dem Volumen der Qualifikationen heraus entnommen. Stolpern und stürzen auf dem Weg zur Zielerreichung ist schon nichts Feines, abstürzen ist absolut katastrophal. Darum wird die Kontrolle durch Evaluierung und Rating unumgänglich. In einer Mehrebenen-Struktur von Zentrale, Großregion, Gemeinde wäre es sinnlos, wenn sich die einzelnen Ebenen gegenseitig kontrollieren. Nur Evaluierungen von außen zeigen objektiv auf, was passiert, wenn nichts oder das Falsche getan wird. Mindest-Standards müssen garantiert sein. Darüber hinaus ist innovative Zusatzleistung gefragt. Es reicht nicht, sich an Mittelwerten und einem gewöhnlichen Durchschnitt zu orientieren. Damit erreicht man keine Exzellenz.

Der Evaluierung folgt die lösungsorientierte Beratung. Die Voraussetzung dafür ist das Rating, in dem die politischen Situationen seriös ermittelt und beurteilt werden. Nichts in den Situationsbeschreibungen darf verschleiert, übertüncht oder geschönt werden. Die Schlussfolgerungen fließen in zwei Kanäle: in die Optimierung des Politik-Managements und in die Information der Öffentlichkeit. Dort herrscht der Anspruch zu wissen, wo sich Nachhaltigkeit in der Politik abspielt und wo nicht. Im Respons auf das Rating erfolgt die interne Beratungstätigkeit.

Das Resultat politischer Effizienz ist also überprüf- und nachweisbar. Sind die Expertisen verlässlich, sind sie geeignet, neue Konzepte und Prozesse zu entschlüsseln. Auch die beteiligten Akteure werden auf ihre Ergebnisse hin geprüft. Der Clou besteht darin, aus der Stagnation schlechter Zustände herauszukommen. Welche Institutionen sind denn bereit, sich einer Evaluierung zu stellen? Wenn es nicht klappt, liegt die Schuld weniger bei der Technik als bei der Politik.

Wozu der Aufwand? Die politischen Klassen haben die ihnen zugedachte Rolle zu spielen. Es ist notwendig, ihre Spielwiese zu begutachten. Die Wirkung der Entscheidungsfinder auf die politische Entwicklung ist nicht unbedeutend. Der wesentliche Punkt ist, dass die Bilder sich ständig von Krise zu Krise oder von Erfolg zu Erfolg und umgekehrt weiter bewegen.

15. ASSESSMENT

Der Ruf nach dem Ansehen wird immer
stärker. Sind die richtigen Repräsentanten
an der richtigen Stelle? Die kulturelle
Verantwortung Europas setzt auf starke
Köpfe. Die Potenziale zur Erfüllung der
europäischen Aufgaben liegen in den Rollen
individueller Persönlichkeiten. Vernünftige
Generalisten und Spezialisten an der
richtigen Stelle bereit zu haben, macht den
Stimulus aus. So wie im Spitzensport muss
auch in der Spitzenpolitik getestet,
analysiert und optimiert werden. Die
politischen Player werden auf der Bahn der
ihnen gestellten Aufgaben immer wieder
neue Verbündete suchen und auch finden.
Dann sollten sie mehr als die Rolle bloßer
Mitarbeiter in Beamtenburgen spielen.
Assessments sind zwar immer auf Personen

bezogen, sie dürfen aber nie persönlich werden. Immer stehen die Situationen im Blickpunkt, im Status quo und auf Zukunft gerichtet.

Die Merkmale institutioneller Leistungsschwäche und -stärke liegen bei den politischen Führungen. Wie sind sie beschaffen? Daher ist offenzulegen, wie sie aufgebaut und zusammengesetzt sind. Die Rollen lassen sich analysieren. Es ist feststellbar, ob die Mängel bei den Akteuren oder im System der Einrichtungen und ihrer gegenseitigen Einwirkungen liegen. Wenn Politiker/innen zu fehlerhaft agieren und dadurch Politik unrund läuft, wird notwendigerweise eine Reaktion verlangt sein. Werden die Schwächen beibehalten, gibt es keine Exzellenz europäischer Politik.

Programmbedingte Fehler sind leicht korrigierbar, wenn das Controlling und der nötige Wille auf Korrektur vorhanden sind. Anreiz ist immer das Angebot neuer

Voraussetzungen. Nachhaltige Orientierung, langfristiges, aktuelles, zukünftiges Handeln, all das folgt den Bedürfnissen und den Chancen der heutigen und der künftigen Generationen. Wenn plötzlich Fake-Stories durch die Gegend funken, ist die Irritation groß. Was so erzählt und gepostet wird, entspricht meistens nicht den Tatsachen. Will man positive wie negative Elemente ausfindig machen, muss man die Hintergründe des Agierens in den Cockpits der Politik kennen.

Wie will man etwas auf Zukunft verändern, wenn man die Zusammenhänge nicht verstanden hat? Personelle Denkweisen sind schwerer prognostizierbar als Systemvorgänge. Das politische Versagen hängt an zwei Strängen, an dem der Entscheidungsträger und an dem der Zivilgesellschaft. Wenn die Instrumente der Veröffentlichung missbraucht werden, sei es durch verschuldete Irrtümer oder durch Verbreitung von Falschinformationen, wird jedes formale Einrichten ad absurdum geführt. Deswegen ist Korruption sofort, nachdem sie geortet worden ist, zu bekämpfen. Die führenden Eliten selbst müssen sich dafür engagieren. Fehlmeldungen können am ehesten durch ernsthafte Evaluierungen aufgedeckt werden. Wie hoch ist denn die gängige Aufklärungsrate und wie viele Mitstreiter gehen auf den Leim? Erkundung und Aufklärung kann nur über wissenschaftliche Objektivität erfolgen. Die Rolle der politischen Akteure ist nicht auf das reine Beobachten und schon gar nicht auf das Kommentieren der Zusammenhänge beschränkt. Wer agieren will, wird nicht redigieren. Märchen erzählende Journalisten gibt es ja zur Genüge, die in ihren Gesprächs-Foren ähnlich den Fußball-Fan-Talks das Publikum eher belustigen wollen. Leider diskreditieren sie jene Berichterstatter, die etwas Substantielles zur seriösen Information beitragen.

Die Qualität der politischen Repräsentanten ist weder durch Alter noch Geschlecht definiert, sondern durch ihr Know-how. Wird diese Norm nicht beherzigt, wird sich die Untugend des Qualitätslosen breitmachen. Bestimmt sie das Niveau, kann es für die Gesellschaft unangenehm werden. Sobald einmal die Argumente nicht mehr tragen, sondern nur die reine Machtausübung, wird es für eine rasche Korrektur zu spät sein. Assessments auch über die Gegenseite könnten dies frühzeitig erkennen. Es ist gar nicht so schwer auszumachen, welche Akteure auf der Bühne sich exzessiv mit den Fragen der persönlichen Machtgestaltung beschäftigen. Wer bereit ist, seine eigenen Statements zu verletzen, neigt sehr schnell zu irrealem Verhalten. Auf jeden Fall ist die politische Persönlichkeit kein Nebenwert, sondern ein Hauptwert, der vorrangig beobachtet gehört. Eine neu zu erlernende Seriosität in den Netzwerken könnte zur Offenlegung beitragen.

In Assessments werden die Kombination von Ausbildung, Erfahrung, Fachwissen und politischen Fertigkeiten der handelnden Personen bewertet. Das Persönlichkeitsprofil gibt zu erkennen, wer imstande ist, konkrete politische Situationen gut zu bewältigen. Die Bilder des Verhaltens, der Fähigkeiten und der strategischen Fertigkeiten werden übereinander gelegt. Es entsteht ein Gesamt-Portrait. Ein zusätzliches Schlüsselindiz ist die Integrität der handelnden Personen, die mit den jeweiligen politischen Idealen übereinstimmen sollte. Von den Ergebnissen profitieren die Politik, ihre Institutionen und die zu den Urnen gerufenen Wähler.

Die Reziprozität im politischen Handeln ist ein Bestandteil der dauerhaft geltenden Anforderungen an die Politik. Das Prinzip der Gegenseitigkeit ist eine Voraussetzung politischen Handelns. Bestimmte Ziele zu erreichen, ist somit auch eine Organisationsfrage im Personellen. Auf das richtige Bewegen in speziellen Situationen kommt es an. Es gibt genügend Beratungswerkzeuge, um die Funktionen des Handelns zu verbessern. Die politische Verpflichtung steht im Raum, dass die Dinge einen möglichst guten Verlauf nehmen. Das jeweils Notwendige und Richtige zu tun, um keinen Schaden anzurichten, sollte das geeignete Prozessmodell von europäischer Politik sein.

Nicht zuletzt die Wählerschaft will wissen, wem sie das Vertrauen schenken soll. Transnationale Wählerlisten machen Sinn, wenn die Persönlichkeitsprofile der europäischen Politik-Elite offenliegen. Erst dann ist das Prinzip der Spitzenkandidaten bei Europawahlen berechtigt. Eigenschaften, Fähigkeiten und Fertigkeiten sind nicht allein für die internen Abteilungen wichtige Indikatoren zur Aufgabenverteilung. Wie die

Politiker Europas die Verantwortung in der Globalität handhaben, wird an der Kompetenz des Führens gemessen.

Assessments beleuchten das mögliche Verhalten der Akteure. Deren Erfahrung ist nicht der einzige Maßstab. Fähigkeiten, Fertigkeiten und Wissen sind relevant für ein gutes politisches Handeln. Die wechselhafte Belastbarkeit in den verschiedenen Vorgängen und die Herangehensweise an Problemlösungen im Spannungsfeld von Kooperationen lassen sich empirisch erfassen. Die Bewertungen durch Assessments erweisen sich als nützliche Hinweise für das singuläre Verhalten von politischen Lenkern. Es ist ja nicht so, dass Tendenzen zur politischen Lüge, zur überdimensionalen Selbstdarstellung, zur generellen Indifferenz oder zur Ängstlichkeit keinen Einfluss auf politische Verhandlungsergebnisse haben. Welche Leute sich in bestimmten

Schlüsselpositionen befinden, ist keine
Nebensächlichkeit.

Das Publikum mag manchmal in seinen
Ansichten auf Einfachheit erpicht sein, an
anonymen Strukturen jedenfalls ist es nicht
interessiert. Vielleicht ist es bald möglich,
dass gemessene Daten über Rating-Apps die
Wahlentscheidungen unterstützen. Das
dürfen keine hauseigenen Angebote der
Institutionen sein. Selbst-Evaluierung ist
immer Beweihräucherung der eigenen
Organisation, eine Art unerwünschter
Generierung von Fakes. Selbsteinschätzung
ist nicht selten Selbstüberschätzung. Die
Resultate der unabhängigen Evaluierungen
und Assessments, die sowohl an die
Entscheider als auch an die Wähler
adressiert sind, beeinflussen die Player-
Lounges. Nicht die Politik hat die Menschen
zu beobachten, sondern die Bürger/innen
die Politik.

Unentschlossenheit aufgrund von Wissenslücken oder wackeliger persönlicher Disposition nagen an der Effizienz wichtiger Vorgehensweisen. Die Öffentlichkeit soll auch darüber informiert sein. Ein interessantes Instrument, politische Debatten in den Europäischen Institutionen zu überschauen, ist die ‚Empirische Beobachtung'. Für alle Interessierten ist es wichtig vermittelt zu bekommen, ob die Projekte auf Konferenzen geschickt oder weniger geschickt vorangetrieben werden. Die Transparenz der Vorgänge könnte dem Verruf der politischen Gaukelei vorbeugen. Es macht schon etwa aus, zu wissen, in wessen Sinne politische Akteure die Entscheidungen treffen, zu wessen Vorteil und mit welchem Interesse sie es tun.

16. MEGATREND SICHERHEIT

Der Wunsch nach Sicherheit ist dem Individuum immanent. In der Felswand sichern sich Bergsteiger ab und selbst Free-Flying und das hochriskante Base-Jumping setzen auf ein Mindestmaß von Absicherung. Nicht verwunderlich ist es daher, dass auch große Gemeinschaften und Völker sich Sicherheit wünschen. In der Politik wird ein Mix an verschiedenen Instrumenten wie Militär- und Polizei-Einsätze und auch humanitäre Maßnahmen so gesteuert, dass Gefahren behoben oder abgewendet werden können.

Was an den Grenzen Europas und darüber hinaus geschieht, hat Konsequenzen. Europäischer Grenzschutz kann nicht nur NATO-Schutz sein. Was geschieht, wenn sich Risse in die gemeinsamen Versprechen verirren? Es ist nicht mehr so sichergestellt, ob die transatlantische Allianz in den entscheidenden Momenten noch zusammenhält. Für die eigene Sicherheit muss Europa schon selber sorgen. Es ist aus seinen pubertären Phasen herausgewachsen. Die unmittelbare Umgebung ist aufgewühlt. Was ehemalige sowjetische Diktaturlandschaft war, ist auf Labilität hin gefährdet. Ganze Völker fühlen sich verwundbar. Das bedeutet, dass die Reaktionskraft am Kontinent vervielfältigt werden muss. Es gibt noch andere neue und auch potenzielle Player im Spiel. Von Notszenarien bis zum militärischen Säbelrasseln ist alles vorhanden. Ohne die Einbindung der grundlegenden Werte wird es schwer sein, die Sicherheit zufriedenstellend zu meistern.

Wie können die Völker Europas vor Gefahren und Schaden geschützt werden? Eine Bedingung ist, die Bereitschaft zur Verteidigung mit den militärischen und politischen Fähigkeiten auszutarieren.

Beschämend für die europäische Politik ist, dass im Sinne der Gerechtigkeit viel protestiert und geschimpft, aber im Einstehen für die gute Sache nichts getan wird. Friedenssicherung, Konfliktverhütung und Krisenbewältigung brauchen einen Schutzmechanismus, der mit Bravour gesteuert gehört. Sicherheitspolitik braucht eine gute Diplomatie und umgekehrt. Die eine baut auf Konsequenz, die andere auf Kompromisse. Im Inneren wird das Leben der europäischen Völker gegen kriminelle Auswüchse wohlweislich durch wirkungsvolle Polizeikräfte abgesichert. Die Sicherheit nach außen wird durch umfangreiche Verteidigungssysteme und Gefahrenabwehr organisiert.

Täuscht es, dass die Welt aggressiver geworden ist? Es sind die politischen Ansichten, die variieren. Nicht so sehr die Anzahl der Vorfälle ist für das Weltbild kennzeichnend, sondern der Eindruck, ob die Reibereien gefährlicher geworden sind.

Es gibt Personen als auch organisierte Gruppierungen, die sich als potenzielle Gefahrenquellen aufpusten. Was hinausgeschrien wird, darf nicht in die handgreifliche Kontroverse, in die Schlägerei innerhalb der Länder und in Kriege untereinander entarten. Dafür muss sich europäische Politik wirksam engagieren. Es bedarf keiner langen Erklärungen, um die weltweiten Notsituationen sichtbar zu machen. Die Hotspots der Krisen stechen unübersehbar hervor. Europa könnte in Zeiten einer drohenden Weltunordnung Vorschläge für ein frisches System von Rahmenprinzipien einbringen.

Politik hat generell an Lösungen und nicht an Verschärfungen der Lagen zu arbeiten. Daran wird die Wertigkeit großer Politiker/innen erkannt. Politische Vorstöße erweisen sich dann als gut, wenn sie helfen, die Wahrnehmung gerade des Positiven zu stärken. Daher ist die Vorausschau ein wesentliches Element von Politik. Die gewonnenen Erkenntnisse werden zentral gesammelt und als Material für mögliche Problemlösungen in die betroffenen Destinationen gesendet. Sobald die Logik der europäischen Institutionen Ineffektivität bedeutet, haben nicht nur die Träger der Verantwortung selbst das Nachsehen, das Gesamtgefüge des europäischen Konstrukts würde Schaden erleiden. Dabei muss der politische Kick zum positiven Ergebnis nicht immer kompliziert sein.

Aggressives Verhalten ist zur Genüge vorhanden. In Ohnmacht vor den Herausforderungen zu erstarren, ist kein guter Lösungsansatz. Meist ist er auf ein gravierendes Wissensmanko zurückzuführen. Politik wirkt wie paralysiert aufgrund der Unzulänglichkeiten im Screening der Situationen. Auch das ist ein Ausfluss mangelnden Wissens. Politik muss sich mehr mit den Veränderungen befassen. Dazu zählt auch die digitale Revolution.

Globalität ist eng mit Digitalität verlinkt. Sie braucht mehr Bezug zu den Contents. Noch befindet sie sich in den Kinderschuhen des Formalen. Welche Digitalisierung wollen wir? Was wird gelingen? Die Fragestellung, was vorhanden ist, lässt sich umkehren auf das, was noch fehlt. Denn nicht über die Phase des Entstehens ist nachzudenken, diese ist bereits wieder Vergangenheit. Die anstehenden Innovationen der digitalen Muster warten auf ihre Einbeziehung in die moderne Politik. Es ist nicht die Brauchbarkeit des Digitalen und seine Bestimmbarkeit zu diskutieren, sondern seine Weiterentwicklung. Es wäre nicht schlecht, noch mehr Made-in-Europe zu beanspruchen.

Wenn sich die militärische Zukunft um Kommunikations-Technik, Sensor-Technologien und Präzisionswaffen dreht, darf sich die europäische Verteidigungskonzeption diesen Themen nicht verschließen. Wenn globale Attacken auf Schnelligkeit und Präzision setzen, werden die Informationsüberlegenheit und die Agilität für das europäische Militärkonzept von existenzieller Bedeutung sein. Nur ein effizientes europäisches Verteidigungsprogramm festigt das Selbstbewusstsein in der kollektiven Sicherheit. Die transkontinentalen Bündnisse haben ihre Bedeutung nicht ganz verloren. Es gibt ja noch Kanada und die australischen Gebiete als Verteidiger eines humanitären Wertesystems. Sie greifen in das globale System ein.

Die Szenerie der Extremismen beruft sich auf selbsternannte Ideologen, die sich gerne zu Lichtgestalten deklarieren. Mit ihrem Gedankengut bestätigen sie sich als Blender mit gefährlicher Nebenwirkung. Unglücklicherweise hängen die Massen an ihren Lippen und geraten wie so oft in der Geschichte in einen irrationalen Aktionismus. Verwirrte Attitüden des Protests sind die ungute Folge solcher

Verführungen. Noch dazu werden mit der Internet-Klick-Folklore gigantisch aufgeblasene Marketing-Maschinerien in Gang gesetzt. Bilder und aufreizende Präsentationen haben immer schon gewirkt. Hinter der angefachten Emotionalität stecken dann sehr viele Gelder. Zum Leidwesen aller mangelt es an der kritischen Auseinandersetzung mit den Inhalten.

Ereignisse über irgendwelche Postings abseits des Geschehens zu kommentieren, wird in der politischen Szenerie immer beliebter. Skrupellose Lügner provozieren Totalschäden. Das Machtpoker ist in der Lage, die mühsam errungenen politischen Kulturbestände zu zertrümmern. Widerstand kann nur geleistet werden, indem man an der Entwicklung aktiv dran bleibt. Wenn Länder wie China, Russland oder Indien die Fähigkeiten entwickeln, ihre militärischen Weltraumstationen auszubauen, kann doch Europa sich nicht zurücklehnen und einfach zuschauen. Da müssten neue Register zum Selbstschutz gezogen werden.

Wieder einmal zeigt es sich, wie wertvoll es ist, sich im Konnex der Gemeinsamkeit europäisch zu bewegen. Unverzichtbar ist es, die Cyber-Technologie in den Brennpunkt des gemeinsamen Interesses zu setzen. Regionale und länderübergreifende Clouds bauschen sich zu einer Gesamt-Cloud des Kontinents zusammen. Die europäische Verteidigung braucht den intensiven Austausch von Informationen zwischen den Phasen der Forschung und der Erkundung. Die Nachfrage nach ordentlichen Ergebnissen drängt sich auf. Wer überprüft überhaupt das Gelingen von politischen Projekten und Aktionen?

Im Segment des militärischen Schutzes Europas sind die Möglichkeiten bereits bekannt, wie die Prioritäten zu setzen sind. Voraussetzung ist, in Planung und Realisierung zusammenzuarbeiten. Die

Fachwelt spricht den USA den Vorzug der finanziellen Mittel zu. Den Vorteil der Europäer sieht sie in der Adaptabilität und Komplementarität. Erstere bedeutet die optimale Anpassung an die jeweiligen Dimensionen der Sicherheit. Die spezifische Fertigkeiten und Fähigkeiten werden innerhalb des europäischen Raumes abgerufen. Jede europäische Großregion sollte sich an der europäischen Sicherheit beteiligen. Diese Anstrengungen inkludieren die finanzielle Mitverantwortung. Verteidigung und Schutz sind nur durch Glaubwürdigkeit machbar. Es bedarf der Solidarität aller Regionen. Und dann kommt noch hinzu das Prinzip der Komplementarität, das die kollektiven Sicherheitssysteme außerhalb der EU-Grenzen einbezieht.

Wenn der bedingte Nuklearkrieg irrsinniger Weise mancherorts wieder angedacht wird, dürfen die Europäer nicht vergessen, dass es auf ihrem Kontinent konkrete

Nuklearschichten gibt. Diese haben sie der amerikanischen Nuklearstrategie zu verdanken. Die taktischen Atomwaffen als Methodik der verbrannten Erde aus den Zeiten des Kalten Krieges sind noch nicht verschwunden. Es heißt, dass die taktischen Nuklearkanonen so kleine Reichweiten haben, dass die Schützen selbst der Verseuchung ausgeliefert wären. Nun gibt es aber Drohnen, die die Arbeit für die Manpower erledigen könnten. Übrig bliebe dennoch ein mitsamt seinen Human-Ressourcen zerstörter europäischer Kontinent. Das Szenario wirkt umso bedrohlicher, als sich gleich an den Grenzen Europas Bedrohliches ereignet. Chaos wird zurzeit an den äußeren Rändern der Europäischen Union geortet. Die Eskalations-Dominanz der gegenwärtigen russischen Machthaber spürt man am Aufbau der schon einmal verbannt gewesenen Mittelstrecken-Raketen. Wie sieht die europäische Sicherheitsstrategie auf dem Welt-Parkett aus?

Wie wäre die Reaktion, wenn Kernwaffen-Arsenale in die Hände von Fundamentalisten fielen? Dann wäre eine Weitergabe des Zerstörungsmaterials an Terroristen nicht mehr auszuschließen. Europa braucht also als Ganzes seine eigenen Mechanismen der Abwehr. Verbesserungen an der europäischen Maschinerie sind nur in der Kombination aus eigener Stärke und politischem Geschick möglich. Wo die liberale Absicherung, Freihandel, Freizügigkeit für Personen und Dienstleistungen, Austausch von Kapital und Information unterbrochen ist, sind die negativen Auswirkungen vorprogrammiert. Dessen müssen sich die politischen Strategen bewusst sein, wenn sie die bestmöglichen Alternativen ausarbeiten.

Obwohl juristisch nicht als Krieg definiert, ist der Terrorismus politisch als eine spezielle

Form der Kriegsführung einzuordnen. Terrorgewalt verletzt und tötet nicht nur Menschen, sie bremst die Wirtschaft und Gesellschaft. Die Gewaltaktionen verbreiten in den Bevölkerungen großen Schrecken. Die europäische Sicherheitspolitik darf nicht nur auf Anschläge reagieren, sie muss alles zur Prävention unternehmen. Möglich, dass sich manche durch Sonder-Vorschriften und Kontrollen belästigt fühlen. Sie sind aber eine Voraussetzung zum gesamtlogistischen Schutz vor Terrorakten.

Unentbehrlich ist eine enge Zusammenarbeit in der strafrechtlichen Verfolgung auf europäischem Boden. Man muss sich intensiv mit den Ursachen von Radikalisierung auseinandersetzen. Das weltweite Web muss für Terroransagen tabu sein, die Internet-Provider sind dazu angehalten. Zusätzlich gehören die Finanzströme darauf überprüft, ob es Verbindungen zu aggressiven Organisationen gibt. Die Erkundung von terroristischen Lagern und Großanlagen ist anscheinend über Satellitenkommunikation bereits möglich. Wie funktioniert aber die Zusammenarbeit in der Informations-gewinnung und ihrer Auswertung?

Zum vorausschauenden Handeln auf der internationalen Bühne gehört es, zu eruieren, wo und warum sich politische Gewaltexplosionen abspielen. Gefahrenträchtig für militärische Optionen sind die ungeklärten Krisenherde. Die diplomatischen Bandenkriege, angezettelt von despotischen Machthabern dürfen nicht bagatellisiert werden. Was als gefährlicher Vorfall plötzlich ausbricht, hat gewöhnlich mit Entwicklungen zu tun, die schon lange unterschwellig dahinziehen. Die rücksichtslos angewandte Macht ist meist mit fehlgeleiteten persönlichen Sozialisierungen zu erklären. Jede Art von Zwangsherrschaft hat schon im Gepäck die Symptome von patriarchalischer Dominanz. Den politisch-narzisstischen Personen fehlt

die sachliche Einsicht in die gegebenen
Umstände. Dies führt zur krankhaften
Gewohnheit im politischen Verhalten.

Ein unheimlicher Gleichklang solcher
skrupelloser Autokraten legt sich über die
Weltpolitik. Manipulation und Korruption
sind die sichtbaren Merkmale ihres
Auftretens. Wer nichts aus der Geschichte
gelernt hat, wird zu einem
gesamtgesellschaftlichen Risiko.
Unverständlich sind die Extrem-
Radikalismen in Ländern wie Polen, die
gerade im Laufe ihrer jüngsten Geschichte
besonders unter den nationalistischen
Gräuel zu leiden hatten. Das europäische
Recht und seine Werte dürfen nicht unter
den Tisch gekehrt werden.

Wer die Vielfalt im eigenen Gemeinwesen
fürchtet und gar bekämpft, begibt sich in ein
zerstörerisches Ambiente. Es beginnt bei
den verbalen Entgleisungen und endet in
der Verherrlichung von Gewalt. Im Rausch

der irregewordenen Nationalismen gehen die meisten ethischen Werte unter. Wie kann man sich solch psychopathischer Auswüchse erwehren? Die Faszination des Bösen in der Politik scheint anziehend zu sein. Sonst würden nicht so viele durch Wahlen legitimierte Unrechts-Regime existieren. Will man Ruchlosigkeit bewundern? Ist die politische Realität in manchen Ländern derart irrwitzig geworden, dass sie schon gefällt? Die Horrorshows der Widerwärtigkeiten finden in der geistigen Unterbelichtung offensichtlich Gefallen.

Leider arrangieren sich demokratische Regierungen immer mehr mit den Autokraten in geostrategisch wichtigen Ländern. Welch eine Perversion von Politik, wenn der wirtschaftliche Vorteil wichtiger als die eigene Sicherheit ist. Wenn Justiz und Presse gefügig gemacht werden, wird der Gegendruck von außen mehr als legitim, er ist notwendig. Scheitern die zusehenden Gesellschaften in ihrer Verantwortung, ist es um die Aufrechterhaltung von Werten geschehen.

Streitsüchtiger Trotz in den internationalen Beziehungen hat schwerwiegende Folgen. Letzten Endes münden sie in Stellvertreterkriege, die ganze Weltregionen zum Beben bringen. Was die Welt in Aufregung versetzt, sucht seine Antworten. Die Frage wird gestellt, wie Politik mit den voraussehbaren Merkmalsausprägungen umgeht. Sie so dahinplätschern zu lassen, wird im Sicherheitsinteresse nicht ausreichen. Auf politisches Mobbing in Form von Rechtsmissachtungen muss rechtzeitig reagiert werden. Genauso wenig darf das Abtauchen der Gefahren in den virtuellen Raum unterschätzt werden. Verdächtig ist, dass die Tabuisierung der versteckten Machtansprüche zugenommen hat. Die überstürzten Abzüge aus der Verantwortung sind für alle Seiten schädlich. Erfolgt dann noch der diplomatische Rückzug, ist das Übel komplett. Es bleibt nur

mehr die Einkapselung mit Dornen. Die
Lösungen der Probleme der Menschheit sind
nicht virtuell.

17. STRATEGIE UND PLANUNG

Raffiniert ein Ziel ansteuern heißt, mit Strategie und gutem Bauchgefühl die Entscheidungsfindung planen. Provokationen wird es auf dem politischen Parkett immer geben. Das politische Verhalten wird sich nur schwer vom Manipulativen trennen können. Jedoch ausrutschen ist verboten. Deswegen ist es untersagt, auf falsche Kassandrarufe hereinzufallen. Was alarmierend klingt, darf noch keine Angst und Panik auslösen. Überzeichnungen werden am besten mit rationalen Antworten konterkariert. Sicherheit wird seit eh und je durch drei bestimmende Faktoren gewährleistet: Vorbeugung, Glaubwürdigkeit und Stabilität. Sind sie bloß ein Ideal oder konkrete Wirklichkeit?

Kapazität ist in der Europäischen Union genügend vorhanden. Europa brauchte seine Fähigkeiten nur auszuspielen. Seine Kräfte sind in der europäischen Vielfalt geschickt verteilt. Praxistauglich werden sie nur durch ein einheitliches Vorgehen. Clevere Strategien müssten die Ungewissheiten vor allem dann abbauen, wenn die Ressourcen, ein Ziel zu erreichen, vorderhand beschränkt sind. Die Handlungsmuster der globalen Widerparts, die nicht erwünscht sind, hält man sich am besten vom Leibe, indem die eigenen Mittel glaubwürdig zur Schau getragen werden.

Das Kriterium für Glaubwürdigkeit ist die Fähigkeit, umzusetzen, was geplant war. Daraus werden Konsequenzen auf allen Seiten gezogen. Gelten die zentralen Statements auch einige Monate später noch oder werden sie heimlich durch neue Prioritäten abgelöst? Die Glaubwürdigkeit hängt am Faden des Vertrauens. Enttäuschungen in der Erwartungshaltung, aber auch Einschüchterung sind kontraproduktiv. Sich Stimmungen anzupassen, macht noch kein Verständnis für die Situation aus. Das Management der Erwartungen braucht Aktivität, Strategien brauchen Kontrolle. Politik ist für die Erwartungen, die falsch gesetzt worden sind haftbar zu machen.

Die notwendig taktischen Konzepte europäischer Politik können erst umgesetzt werden, wenn Einigkeit in den großen strategischen Linien herrscht. Das sind die Voraussetzungen, von denen in der Umsetzung nicht abgegangen werden darf. Die politischen Stile gestalten sich je nach Gegebenheit unterschiedlich. Zunächst kommt es zu unverbindlichen Kontakten. Darin wird versucht, die politischen Sichtweisen in eine bestimmte Richtung hin zu formen. Verschiedene psychologische Methoden setzen ein. Rhetorische Stilmittel verunsichern oder stärken die Einstellungen.

Es gibt ja in den Duellen der Meinungen auch die Möglichkeit, dass man Beschimpfungen ausgesetzt ist. Diese sind auch als Abwehrreaktion gedacht und damit irgendwie ein Hinweis auf Schwäche. Verhaltenssymbole verwandeln sich bald einmal in Rollenklischees. Im negativen Fall fördern sie die Feindbilder. Der Kern der Problematik liegt oftmals in unverarbeiteter Vergangenheit. Die Katz-und Maus-Spiele mit dem Negativen sind schwierig zu meistern. Generalisierungen bergen die Gefahr, persuasiv falsche Gefühle zu vermitteln.

Die fundamentalen Richtungsänderungen in der Politik finden auf der internationalen Bühne statt. Man braucht nur auf China und die fernöstliche Region, auf Südamerika oder auf die alten Rivalen USA und Russland schauen. Sie alle haben keine simplen Formeln zur politischen Zielerreichung. In der Regie stehen ihnen verschiedene Instrumentarien zur Verfügung. Ihre

Handhabung unterscheidet die Charakteristik der Vorgangsweisen. Was nun tun, wenn man mit Kernwaffen ausgerüsteten Großmächten gegenübersteht und politische Details vereinbart werden sollen? Aus spieltheoretischen Erwägungen werden sich die Vor- und Nachteile herauskristallisieren. Europas Stärke wird nicht im geographischen Maßstab gemessen. Deswegen muss es in seiner Programmatik und Methodik groß sein.

Krisen-Management geht nicht selten damit einher, Druck zu erzeugen. Er wird durch den Zwang zum Handeln, durch die Ablehnung von Vorschlägen und durch eine permanente Verunsicherung gerne verstärkt. Doch nichts zu unternehmen, würde eine Krise nur verschärfen. Ein Nachgeben des Drucks wird sofort registriert. Bei maximaler Bedrohung bleibt als Antwort nur mehr der maximale Gegendruck. Unangestrengt und praxisnah zu verhandeln, ist ein geeigneter Modus Vivendi, aus Krisen herauszukommen. Mit diplomatischer Cleverness und politischer Konsequenz geht es um die Kombination von Interessen, nicht um Kompromisse.

Neben den strategischen Konzepten läuft eine andere sehr wirkungsvolle Maschinerie, die der Berichterstattung. Ist sie konstruktiv, charakterisiert sie nicht nur den Zustand, sondern kann Lösungen sogar herbeikommentieren. Twitter-Mitteilungen gehen eher auf Emotionen aus. Aber auch die Manipulation der Medien hat das Ziel, bestimmte Bauchgefühle anzusprechen. Wenn polemische Vorstellungen selektiv verbreitet werden, ist die Objektivität einfach über Bord geworden. Sehr viel geht dadurch verloren. Die Verwahrlosung im Medienbereich hatte sich in den letzten Jahrzehnten fröhlich weiterentwickelt. Das wird jetzt von populistischen Gruppierungen ausgeschlachtet.

Können die neuen Medien mehr Sicherheit bringen? Noch sind sie weit davon entfernt. Vorläufig lassen sie den Prozess des methodischen Controlling und mit ihm den wissenschaftlichen Approach gar nicht zu. Sie pflegen in ihrer Babyphase, in der sie sich immer noch befinden, fleißig einen sinnentleerten Dilettantismus. Der Abstand von dilettantisch zu naiv, von naiv zu skandalös ist ja nicht weit.

Den gravierendsten Einfluss auf die Machtverteilung haben wirtschaftliche Beziehungen. Auf diesem Terrain müssten Wirtschaftsunternehmen mit der politischen Verantwortung beflissener mitziehen. Wenn der Rückenwind der Wirtschaft fehlt, tut sich die Politik schwer und umgekehrt. Die gesellschaftliche Stabilität ist im Wesentlichen von der wirtschaftlichen Situation mitbestimmt. Positive politische Veränderungen wurden gerade in der jüngsten Zeitgeschichte durch wirtschaftlichen Druck eingeleitet.

Ein äußerst unangenehmes Mittel der
Außenpolitik sind Handelsbarrieren und
Zölle. Sie behindern die freie Entfaltung. Sie
schließen fairen Wettbewerb aus und
sperren geistiges Eigentum ein.
Arbeitsstandards und Umweltschutz stehen
vor verschlossenen Türen. Die international
aufgestellten Wirtschaftsräume schützen
sich vor derartiger Willkür durch die
Ausweitung ihrer Zonen. Das wichtigste
Element der Handelsabläufe innerhalb
dieser Zonen werden rigorose
Kontrollmechanismen zum Schutz der
Nachhaltigkeit sein. Wichtiger als
Einschränkungen sind Anreize durch
Rewarding-Systeme, am besten durch
Zertifizierungen.

Die wirtschaftliche Performance kann sehr
gut zur gegenseitigen politischen
Beeinflussung genutzt werden. Je besser die
ökonomischen Prognosen erkannt sind,
umso proaktiver kann sich die Diplomatie
entfalten. Die Auswahl der wirtschaftlichen

Daten setzt das Triebwerk konkreten politischen Handelns in Gang. Der ökonomische Wille beeinflusst aus verschiedenen Perspektiven den politischen Auftritt. Welche Zielsetzungen sind erwünscht? Die erzielten Effekte werden dann bei den jeweiligen Wählergruppen verspürt. An der Wahlurne äußern sie ihre Schlussfolgerungen. Welche Zielsetzungen sind erwünscht?

Wer am schnellsten und am sichersten handelt, ist im Vorteil. Deswegen ist es so wichtig, dass möglichst rasch die richtigen Pläne auf den Tisch gelegt werden. Die Wettbewerbsfähigkeit Europas muss erhalten bleiben. Investitionen in globale Projekte werden ihre Rückwirkungen auf die politischen Gewinne auch im Inneren der Europäischen Union haben.

Die Rechnung muss für die Europäer aufgehen. Die Widerstandskraft der freien Marktwirtschaft wird gestärkt, wenn alle

Bedingungen von Nachhaltigkeit erfüllt sind. Die erfüllte Leistung wird nach Parametern des Fortschritts gemessen. Berichte aus den eigenen Reihen werden da nicht genügen. Da ist schon die Evaluierung von außen durch unabhängige Dritte erforderlich. Die Institutionen allein sind nicht der Garant für eine gute Lebensqualität in den Regionen. Die Voraussetzungen für die Erfolge müssen erst entschlüsselt werden.

Expertise und Wissen sind keine schlechten Ratgeber in der Politik. Sie sind das Pendant zur wissenslosen und gewissensfreien Vorgangsweise opportunistischer Ideologien. Unterschätzen wir nicht das Wirkungspotenzial objektiver Kritik aus der Systemtheorie auf die politischen Entscheidungen. Die europäische Intelligentia sollte sich dessen bewusst sein, dass sie nicht schlechter als die russische, chinesische oder amerikanische ist. Immerhin hat sie ihren historischen Fundus in der europäischen Aufklärung. Haben wir

es auf dem Kontinent nicht mehr drauf,
ordentlich Politik zu machen und einmal
vernünftig auf den Tisch zu hauen?

18. ENTSCHEIDUNGSFINDUNG

Politisches Coaching wendet Methoden an, die vorerst einmal die Konsequenz von Entscheidungen prüft. Risiken müssen evaluiert und politisch gemanagt werden. Wer entscheidet in Europa auf welche Weise? Wer streitet darum? Die Prozesse der Entscheidungsfindung in der europäischen Politik könnten sich smart und effektiv abspielen. Sie müssen sich nur der angemessenen Methoden bedienen.

Beschlüsse von Maßnahmen richten sich nach Wahrscheinlichkeiten, die aus Messungen und Beurteilungen resultieren. Zunächst einmal sind die Konsequenzen zu bemessen. Die Risiken müssen identifiziert und der Einsatz abgeschätzt werden. Dann ergeben sich die richtigen Prioritäten. Bevor Politik in empfindliche Situationen eingreift, sollte sie alle möglichen Hilfsmittel herangezogen haben. Im Grunde trifft man politische Entscheidungen, indem man das Rohmaterial, die Fakten analysiert. Klassifizieren, tabellieren, kondensieren ist Sache der fachkundigen Evaluierung. Manchmal muss man sich sogar für Grundsätzliches entscheiden, das die gesamte politische Situation umkrempeln kann.

Gute Entscheidungsfindung entspricht dem Prozess der Optimierung. Virtuosität gibt es in der Kunst, in der Technik, im Sport. So sollte auch eine gekonnte Politik die Bürger/innen befriedigen. Gefühlseffekte sind einfach zu wenig, um Sicherheit und Wohlstand zu gewährleisten. Nicht immer ist es der gepriesene goldene Mittelweg, der aus den Fängen der Ohnmacht befreit. Die sich organisierenden Kräfte des Negativen haben ihre Namen, Subjekte und Verursacher. Politik ist mit keinen Schimären konfrontiert, sondern mit greifbaren

Positionen und Personen. Da es keine unsichtbaren Geister sind, können sie aufgefunden werden. Es gibt Methoden und Instrumente, sich gegen die Katastrophen zu wehren. Man muss sie nur in die Hand nehmen.

Politische Akteure dürfen keine Angst vor Entscheidungen haben. Wenn es auch für sie immer schwieriger wird, Beschlüsse zu fassen, so stehen ihnen doch viele Instrumente zur Verfügung. Sollte sie die Summe der Inputs überfordern, bleibt ihnen nichts anderes übrig, als diese in die Welt der Expertisen abzuleiten. Der Erfolg dreht sich immer um die Methodik.

Politiker/innen sollten ausnahmslos die Kunst der kritischen Auseinandersetzung beherrschen. Wenn sie jedoch versuchen, den Augenblick der Entscheidung mit allen Mitteln herbeizuzwingen, werden sie diese Kunst nie erlernen. Sie sollen aktiv sein, aber es auch den Umständen erlauben, die günstigsten Aspekte abzuwarten. Der hohe politische Level wird immer zwischen Zurückhaltung und Entschlusskraft schwanken. Doch wenn keine Willenskundgebung erfolgt, kann auch nichts bewegt werden. Selbst eine nicht getroffene Entscheidung ist noch eine Entscheidung, aber dann meist eine schlechte.

Die Akteure müssen dem professionellen Coaching vertrauen können. Sobald das richtige Wissen mobilisiert ist, öffnet sich der Zugang zu den richtigen Entschlüssen. Etwas aufschnappen ohne Hintergrundwissen und dann handeln, führt in die Falle. Gerade die europäischen Willensakte sind dann gut, wenn sie gemeinschaftlich und systemisch getroffen werden. Sie sind das Kennzeichen für eine Entwicklung, die in der Kontinuität der Willensbildung zum politischen Umbruch Europas steht.

Die operationelle Prozedur in der politischen
Entscheidungsfindung hat ihren bewährten
Schaltplan: zunächst steht die Bearbeitung
der Information auf dem Programm. Alle
wesentlichen Signale und Codes sind für die
weitere Vorgangsweise relevant. Richtig
abgerufen begleiten sie die
Entscheidungsträger in die ersten internen
Besprechungen hinein. Daraufhin wird das
Paket an Streitfragen in die Professionalität
von Mini- oder Maxi-Zukunftskonferenzen
getragen. Die nun gefestigten Ergebnisse
sind die Grundlagen, um in den Prozess des
Verhandelns einzutreten. Der
zufriedenstellende Output ist die Einigung.
Die vier in Kurzform beschriebenen Etappen
erfüllen den Anspruch auf ein hohes Know-
How, um ein Projekt erfolgreich
durchzuführen. Das System der
europäischen Institutionen wird sich dem
nicht entziehen können.

19. BILDUNG

Die Bildung zu steuern, ist ein komplexes Unterfangen für die europäische Politik. Ausbildungsmodelle mit den verschiedensten Bildungspartnern sind ein Anliegen der Wissenschaft, der Wirtschaft und der politischen Institutionen selbst. Es geht um den europäischen Bildungsstatus. Bildung ohne Bildungswert wird den Kontinent wissensmäßig zurückwerfen. Also heißt es auch hier, die Transparenz der Effektivität mit der Tiefe des Wissens zu erhöhen. Bei der Hypothese in der Zeit der rasanten Entwicklungen, dass das neue Wissen soundso nur eine Halbwertzeit von zwei bis drei Jahren hat, wird die Verflachung der Auffassung von Bildung spürbar. In Bezug auf den Bildungsauftrag agieren die Hochschulen noch recht zweifelhaft.

Der politische Innovationsprozess zum Thema Bildung geht in zwei Stoßrichtungen: die Optimierung des Wissensprozesses in den eigenen Reihen und die Reform der europäischen Ausbildungs-Systeme. Wozu lernen, wenn man so und so nicht gescheiter wird, ist eine alberne Devise. Eine seriöse Politik sollte dem inszenierten Spektakel von einfachen Messages sichtbare Qualität entgegensetzen. Sie tut es, indem sie ernstzunehmende Zukunftslösungen anbietet. Bildung in der Politik ist kontrollierbar.

Aus dem Prozess der Bewertung als auch der Entscheidungsfindung sollte das Beste herausgeholt werden. Oft ist die singuläre menschliche Performance ausschlaggebend. Die Profile sind über messbare Kriterien bestimmbar. Sie charakterisieren die Urteilsfähigkeit und die Handlungsfähigkeit von politischen Leadern und ihren Teams. Wenn einem Akteur nicht klar ist, worum es überhaupt geht, werden weder Konzept noch Beschluss gut sein. Selbst die schnelle glasklare Intuition entspringt einem breiten Wissensfundament. Analysieren und Argumentieren ist eine Bildungsfrage. Die europäische Politik wird tief in das aktive Wissen einsteigen, um die Welt- und die Tagesprobleme erfolgsversprechend angehen zu können. Das Hineintauchen in die Gegenständlichkeit der modernen Welt wird die europäischen Repräsentanten zu Experten der Machbarkeit des Wissens machen.

Intelligenz wird zweckmäßig dafür eingesetzt, in die Konstruktivität statt in die Destruktion zu investieren. Strategische Teams brauchen clevere Vorgangsweisen. Der Wille zur Veränderung wird sich nicht allein auf das Technologische beschränken. Aus der Bildungskompetenz heraus werden humanistische Leitbegriffe geformt. Sie bereiten auf die Anforderungen der Zukunft vor. Sie definieren die globale Kompetenz von Nachhaltigkeit. Sie formen die weltweiten Kooperationen. Wenn man den Zug nicht verpasst, könnte die Qualität der Ausbildung zu einem europäischen Gütesiegel werden.

Externe Agenturen könnten erschließen, wie die Qualitätsstandards definiert werden. Die Gesellschaft und mit ihr die Bildungsinstitutionen haben einen Auftrag zur Innovation. Die Kapazitäten von Forschung und Entwicklung werden sich auf die Optimierung der Faktoren Zeit und Qualität ausrichten. Es empfiehlt sich eine Trendumkehr in den Methoden der gemeinsamen Bildungs-Politik. Sie sollen allen Beteiligten, Kindern, Jugendlichen, Erwachsenen und Fachkräften am Bildungsprozess zugutekommen. Die Qualität der neuen Bildungsangebote muss sich aus den Netzwerken der Kommunikation erschließen.

Was bezweckt eine profunde Ausbildungsinitiative in der Wirtschaft? Die Unternehmen sollen die Mitarbeiter flexibler einsetzen können. Der Realitätsbezug zu den zielorientierten Projekten darf nicht aufgegeben werden. Darüber hinaus sind Freiheit, Eigenverantwortung und Evaluierung Kernstücke eines stabilen Bildungspaketes. Freiheit fordert zu Synergien heraus. Eigeninitiative wird sowohl von den Bildungsinstitutionen als auch von den Usern verlangt. Evaluierung bringt die Transparenz, die in den Bildungsverwaltungen erforderlich ist. Eine europäische Bildungspolitik ist kein Phantasma, wenn sie modular Freiräume zulässt.

20.   GESELLSCHAFT UND POLITIK

Europa trumpft mit seiner Vielfalt auf. Selbst
die Großregionen sind für sich keine rein
gleich geschalteten Kultureinheiten. Die
Basiswellen zivilisatorischer Vorstellungen
und Handlungen schwappen wie
Meereswellen auf die anderen Strände über.
Sie nehmen die anregende Kraft mit und
beeinflussen immer wieder das neue
kollektive Bewusstsein. Der historische Wind
der Kulturen produziert die Wellen. Die
Rotationen der Entwicklung bestimmen das
Endergebnis. Eine unumkehrbare
Vorhersage der Entwicklung ist nicht
möglich, da zu viele Faktoren auf die
Vorgänge einwirken.

Die Entwicklungen spielen sich in Räumen
der Kommunikation ab. Der Austausch von
Wissen und Informationen erfolgt über

Sprache. Sie gehört zum Rüstzeug des Menschen und charakterisierte immer schon den Zusammenschluss von Gruppen. Ihre Macht ist bis heute geblieben, sowohl im Gebrauch als auch im Missbrauch. Im positiven Sinn hilft sie an der kulturellen Bewältigung von Problemen in den unterschiedlichen Lebenssituationen. In der europäischen Auseinandersetzung scheint ihr noch der Glanz zu fehlen. Die Fähigkeit in mehreren Sprachen kommunizieren zu können, zeugt von Interesse und Professionalität. Sie in Verhandlungen aufzeigen zu können, bescheinigt sowohl Kompetenz in internationalen Fragen als auch Respekt vor den Partnern. Ist das Potential der Vielfalt erkannt, können Talente und Erfahrungen in Wirtschaft und Kultur zu fruchtbar Innovativem führen. Die Variation ist die Herausforderung. Ihr steht die Borniertheit einengender Kräfte entgegen.

Den Ergebnissen der Politik wird mehr
Authentizität abverlangt. Die Mischung aus
Performance und Design ist nicht leicht zu
verwirklichen. Sie ist aber die Voraussetzung
für eine gute Politik. Sie wird mit maximaler
Entscheidungskompetenz und
Umsetzungsweite beschrieben. Der
kompromissfreie Output ist die beste
Lösung, die aber nicht immer angeboten
wird. Dynamik Präzision und Stil sind die
gefragten Elemente der Politik, die sich auch
messen lassen. Sie richten sich an die
Öffentlichkeit. Deren Aufgabe wiederum
liegt im Abstimmungsverhalten. Wenn sich
auf beiden Seiten die Alles-oder Nichts-
Mentalität einschleicht, führt es zum
gesellschaftlichen Einbruch.

Der Raum der Entfaltung hängt vom
politischen Willen ab. Es gibt genug negative
Einwirkungen auf das Gemeinschaftsgefüge.
Regulierungen können sowohl in die
Richtung eines übertriebenen Rigorismus als
auch in die Aufweichung von

Ordnungsstrukturen ausarten. An der idealen Ausbalancierung muss gearbeitet werden. Die Gesellschaft und ihre Politiken schaffen es, wenn sie das Wesentliche im Auge behalten und die Zielsetzungen darauf ausrichten. Niemand muss auf den Genuss des Erreichten verzichten.

Sobald die soziale Ordnung als ungerecht empfunden wird und das Vertrauen in die institutionalisierte Politik schwindet, ballen sich gefährliche Drohpotenziale zusammen. Das Erfordernis einer europäischen Sozialunion macht sich bemerkbar, will Europa auf der Klaviatur des Fortschritts mitspielen. Denn die Notwendigkeit der Vernetzung verlangt neben dem hohen Ausmaß der wirtschaftlichen Rahmenbedingungen den Ausbau der sozialen Vorgaben.

Zum europäischen Protection-Management gehört die Bewältigung der Migrationsflüsse, die Bekämpfung des

Terrorismus und im äußeren Feld die
Drogeneindämmung. Es gibt in der Welt
Regime, die noch die Folter anwenden und
es gibt andere, gar nicht so weit weg, die
Grundrechte und Freiheit unterminieren.
Die europäischen Institutionen dürfen sich
nicht davor fürchten, Stellung zu beziehen.
Sie haben entschlossen und auch
vorbeugend zu handeln. Vorläufig hat die
Kommission die Möglichkeit, nach Artikel 7
der Unionsverträge bei Verletzung der
Rechtsstaatlichkeit Konsequenzen zu setzen.
Erklärungen der Betroffenheit sind da zu
wenig. Die gemeinsame Vorgangsweise mit
der Wirtschaft sollte sich loyaler und
konstruktiver abwickeln.

Populismus macht sich besonders in Zeiten
beschleunigten sozialen Wandels
bemerkbar. Gerade da findet er seine
besten Momente zur Spaltung der
Gesellschaft. Heute machen sich
emotionalisierte Verschwörer über Blogging-
Dienste im Internet stark. Die neuen

Parallelgesellschaften werden entweder zu Benachteiligten oder zu Überprivilegierten der Gesellschaft stilisiert. Die unheilige Allianz des linken und rechten Populismus wird im Europäischen Parlament noch so manche Kontroverse auslösen.

Eine weitere Attraktion mit magnetischer Kraft für radikale Strömungen ist die Fremdenfeindlichkeit. Der Andersdenkende und schon gar der Andersgeartete wird a priori abgelehnt. Der zeitgeschichtliche Trend geht auf den historischen Antisemitismus und Antikapitalismus der sozialistischen Arbeiterbewegungen im 19. Jahrhundert zurück. Dieses Gespenst weitete sich auf das nationale Denken aus und wurde in den Katastrophen des 20. Jahrhunderts dominant. Ganz scheint es sich noch nicht verflüchtigt zu haben, nur die sozialen Schichtungen haben andere Vorzeichen bekommen. Die Regierenden kommen mit den vorhandenen negativen Ausprägungen der Migration nicht zurecht.

Die Gefährlichkeit dieses Versagens ist nicht zu unterschätzen und präsentiert sich dann in Formationen wie AfD, Lega Nord, UKIP, PIS, Front National und sogar in bestimmten Konstellationen seriöser Parteien der Mitte.

Wenn falsche Solidarität eingefädelt wird, sind kriminelle Gewaltaktionen und Chaos die Folge. Die Beispiele sind endlos. Die Hass-Symbolik auf Twitter, Facebook handelt sich keine Sympathien ein. Manche Propaganda-Täuschungen haben sogar zur Folge gehabt, dass Friedens-Nobelpreise an Personen vergeben wurden, die kurz darauf gegen die verkündeten Werte gravierend verstießen. Der Terroranschlag von 2017 auf die Satire-Redaktion „Charlie Hebdo" in Paris führte zu unsauberen Reaktionen bis in die Politiker-Cliquen hinein. Der Slogan „Wir sind Charlie" war eine falsche Antwort. Die Kinder der Gesellschaft der sozialen Medien erfahren einen neuen Typus von Radikalisierung. Mit dieser web-Maschinerie verdienen sich die Cyber-Unternehmen dämlich. Man wird sich eingehend mit dem befassen müssen, was sich als Fehleinschätzung entpuppt. Mitverantwortlich ist das Denken und Verhalten im Konsum. Daran werden die Stellschrauben zu drehen sein.

Den Gesamtkomplex des Konsumierens bestimmen die neuen Giganten der neuen Technologien. Noch können sich die plötzlich aufgetauchten amerikanischen Großunternehmen in Europa um die Steuern drücken. Sie bilden monströse Netzwerke, wollen aber die bewährten gesellschaftlichen Formen nicht einhalten. Wie ist es möglich, dass Unternehmensgewinne von einem Land in das andere geschleust werden, bis sie dann irgendwann einmal steuerrechtlich verschwinden? Die Übertragung der Gewinne ist unter die Lupe zu nehmen.

Die Steuertransparenz in Europa kann am ehesten von der Kommission in die Gänge

gebracht werden. Werden die
steuerpflichtigen Gewinne von
Unternehmen in der EU über eine
europäische Körperschaftssteuer
eingefahren, hätte man nicht nur
brauchbare Einnahmen, sondern auch ein
wirkungsvolles Instrument zur Bekämpfung
der Steuerhinterziehung.

Es ist nicht zu ignorieren, dass
Volkswirtschaften vom Zusammenspiel
zwischen Politik und Unternehmen
abhängen. Das Gesundheitswesen, der
Luftverkehr, die Finanzgebarung und der
Handel sind wirtschaftliche Energiefelder,
deren Merkmale sofort auffallen. Abgaben
und transnationale Verteilungen müssten in
Zukunft nach den gesteckten Zielen der
Nachhaltigkeit erfolgen. Der Gerechtigkeit
gegenüber allen Seiten der Generationen ist
Rechnung zu tragen. Nichts anders als ein
modernes Politik-Management bringt
Europa seinen Zielen näher.

Was garantiert die Handlungsfähigkeit der gesamteuropäischen Maschinerie? Das Wachstum und die gleichzeitige Lebensfähigkeit der Strukturen von Wirtschaft und Politik werden die Antwort geben. Es ist kein Wettstreit zwischen Nationen, sondern zwischen Technologien. Es gehört zum strategischen Politik-Marketing, Mit dem Support von Technik und Wissenschaft erreicht das strategische Politik-Marketing seine wichtigen Ziele. Europa muss die leistungsstarke Mitte fördern. Sie wird sich freier entfalten können, wenn die linken und rechten Extremismen in Schranken gehalten werden. Das wählende Volk muss seinen Beitrag dazu leisten. Anarchistische Auffassungen von Verstaatlichung des Eigentums sind ebenso unzulässig wie jede Artikulation von Fremdenhass.

Auf der internationalen Ebene fallen immer mehr machtpolitische Vergewaltigungen auf. Sie werden in den „Hinterstübchen"

demagogischer Regierungen ausgeheckt.
Autokratische Staatslenker suchen auf die
europäischen Strukturen Einfluss zu
nehmen. Ein vermeintlich längst
überkommenes Vormachtstreben ist die
verhängnisvolle Triebfeder. So artikuliert die
gegenwärtige russische Regierung ihren
Vorwand zur transnationalen Despotie
damit, eine moralische Vorbildrolle für
Europa spielen zu wollen. Jegliche Art der
Manipulation von außen ist ein Weckruf an
die Sicherheitspolitik Europas. Solche
Einflüsse entpuppen sich als besonders
gefährlich, sobald sie auf das rechtsextreme
Milieu greifen. Sie sind ansteckend. Das
enge Verhältnis zur russischen Autokratie,
das die Lega, der Front National oder die
AfD pflegen, ist verdächtig und lässt nichts
Gutes ahnen.

Autokratische Lenker lieben die
Machtexpansion. Ihre Gelüste werden von
deren hörigen Komplizen verstärkt. Dieselbe
Ellbogentaktik macht sich in

Wirtschaftsbeziehungen breit, wenn die Anstrengungen der Globalisierung unterminiert werden. So nimmt die Radikalisierung im Handelskonflikt zwischen den USA und China gefährliche Ausmaße an. Wachstumseinbußen überall auf der Welt sind die Folge. Wird Europa dadurch plötzlich wirtschaftlich instabil? Wie schützt sich der Kontinent? Wenn sich die anderen in aggressiver Intensität positionieren, ist reaktive Gegenwehr gefragt. Machtkämpfen aus Bequemlichkeit auszuweichen, bringt eine Schwäche zum Vorschein, die sich sofort auf viele andere Sachbereiche ausdehnt.

Reformen werden anfangs immer auf Widerstand stoßen, weil sie das Neue repräsentieren. Die Unzufriedenheit kann vermieden werden, indem man Verbesserungen auspackt und sie auch veröffentlicht. Dann sollte aber auch klargelegt werden, was passieren würde, wenn nicht gehandelt wird. Es ist nun einmal so, dass Neuerungen nur dann Aussicht auf Erfolg haben, wenn sie taktisch konzipiert sind. Die Kontrolle wird uns, die wir Akteure oder Empfänger von Dienstleistungen sind, zugutekommen. Die europäische Politik wird die Phasen der Analyse, Umsetzung und Kontrolle wohl oder übel durchschreiten. Akzeptanz entsteht erst, wenn Emotion und Motivation über die kommunikativen Wege angefacht wird. Nicht unerheblich auf der Zeitskala ist die Lösungsdauer der Probleme. Sie wird möglicherweise bei Wahlen den Ausschlag geben. Wie erhält die Domäne der europäischen Politik Zugkraft?

21. EUROPÄISCHE LIBERALITÄT

Das Liberale ist eine Grundposition des politischen Zusammenlebens einer Gesellschaft. Diese ist kein amorphes Stück Masse, sondern setzt auf den Individualismus. Freiheit ist an Eigenverantwortung gebunden. Liberalität ist nicht das Privileg liberaldemokratischer Parteien. Sie könnte sogar noch besser ohne Parteigehabe ausgelebt werden, eben in politischen Gruppierungen und Ideen-Zusammenschlüssen. Sie bekommt nun ihre Chance auf der europäischen Bühne. Die liberale Aufgeschlossenheit wendet sich gegen Kollektivismus und seine Willkür. Sie konzentriert sich auf die Position des Individuums. Jede Art von Fortschritt muss dem einzelnen Menschen zugutekommen. Für seine artikulierten Wünsche und Initiativen muss mehr getan werden. Es wird ohne die Orientierung auf technische Ergebnisse nicht gelingen. Dennoch darf man vor dem ethischen Image die Augen nicht verschließen. Das zügellose Laissez-faire ist keineswegs die Grundlage des liberalen Denkens. Individualisierung und Flexibilität gehören zur Freiheitsliebe.

Neo-Liberalismus könnte auch ein Weg zum Fortschritt durch Entwicklung neuer Ideen sein. Ohne groß angelegte Leistungssysteme stünde die Weltwirtschaft auf verlorenem Posten. Die liberale Denkweise mit der Ausrichtung auf technische Ergebnisse hat immer Saison. Frei gestaltete Innovationsprogramme helfen der Schuldenbekämpfung mehr und sind eher imstande, Arbeitslosigkeitsraten zu senken als von Ideologien aufoktroyierte Zwangsmaßnahmen. Die prekären Situationen der Politik werden durch Bashing des Neoliberalismus nicht besser. Die Entwicklung neuer Ideen zum wirtschaftlichen Erfolg war immer schon dem liberalen Denken zu verdanken. Leider gibt es auch selbsternannte ‚Liberalisierer‘, die weniger der Freiheit als der Schwächung von Fairness und Privatheit das Wort reden.

Was wäre, wenn die liberale Denkweise nur mehr von wenigen mitgetragen wird? Die Attraktivität des internationalen Handels würde verloren gehen. Ökologie- und Umweltprobleme könnten nicht sachlich aus ökonomischer und technologischer Vernunft gelöst werden. Immer ist es der allgemeine Aufschwung, der die Lebensbedingungen einer Bevölkerung verbessert. Die Ziele der Gesamtgesellschaft basieren auf Wohlstandsabsichten. Liberale Prozesse brauchen vor allem in Zeiten der wachsenden Unsicherheit auch ihre Regulative. Sie dürfen sich nicht von ethischen Vorgaben abkoppeln. An sozialen und ökologischen Standards ist festzuhalten. Die ungezügelten Aktivitäten auf diesem Gebiet schüren nur noch mehr den fremdenfeindlichen Protektionismus. Wird nicht richtig reagiert, sind breite Schichten der Bevölkerung verunsichert. Leicht öffnen sie sich dem Populismus.

Investitionen in die ökologischen Vorgangsweisen haben Lenkungswirkung. Ununterbrochen werden neue globale Wertschöpfungsketten aufgebaut. Die Arbeitsteilung muss auf zukünftige gemeinsame Erfolge ausgerichtet sein. Die Kombination länderübergreifenden Wissens darf nicht zu Lasten der Lohnquoten gehen. Die Effizienzvorteile sollten auf die Kostenvorteile der Konsumenten aufgeteilt werden. Existenzgrundlagen und Lebensunterhalt müssen unumstößlich gesichert sein.

Das gemeinsame Europa ist auf Leistungs- und Lastenteilung angewiesen. Da wird man den Problemen nicht nachlaufen dürfen, sondern Strategien nach vorne entwickeln müssen. Retten allein wird nicht ausreichen. Die reale Verantwortung ist auf die

Vorausschau ausgerichtet. Da sind aber dann auch die Kosten dorthin zu verlegen, wo sie prioritär an erster Stelle gebraucht werden. Eine korrumpierte Politik wird das höchstwahrscheinlich nicht einsehen wollen.

Liberalität setzt auf die Selbstverantwortung des Individuums. Anders als in Ideologie-belasteten Denkweisen wird im Liberalismus den Menschen nicht vorgeschrieben, was sie zu denken und wie sie zu handeln haben. Wer sich an die Werteorientierung hält, wird nicht ausgegrenzt. Die Vielfalt der gesellschaftlichen Kräfte wird im Vordergrund des globalen Weltbildes stehen. Diese Grundelemente auf die internationale Politik projiziert lassen erkennen, dass es primär um Effizienz in der öffentlichen Gestaltung geht. Der soziale Zusammenhang steht dabei genauso in der Projektion wie der wirtschaftliche Effekt.

Es sind keine Geisterhände, die in die Lenkmechanismen von Wirtschaft und

Politik eingreifen. Liberalität hat vielmehr die Funktion, die Unterschiede beim Namen zu nennen und über Strategien und Planung das Optimum aus Situationen herauszuholen. Das müsste den EU-kritischen populistischen Kräften zum Trotz weitflächig auf dem Kontinent Erfolge einfahren.

22. VERHANDELN

Managen ist auf keinem Gebiet mit Bargaining gleichzusetzen, auch nicht in der Politik. Handeln ist fast noch wichtiger als verhandeln. Wie leicht verfliegt doch die Effizienz. Dennoch kommt dem richtigen Verhandeln eine wichtige Aufgabe zu. Bevor ein Dialog geführt wird, muss man sich doch fragen: verstehen beide Seiten unter Zielerreichung überhaupt dasselbe? Bei kontroversen Meinungen, sollte die Kommunikation von beiden Seiten äquidistant beherrscht werden. Grundsätzlich geht es bei Verhandlungen um Zielsetzungen. In den Prozess ist Planung als auch Kommunikation mit einbezogen. Die Verständigung ergibt sich aus den Inhalten und Überzeugungen. Dabei steht die gemeinsame Absicht, Ergebnisse zu

erzielen, im Mittelpunkt der Konsultation.
Der Drahtseilakt des Dialogs verlangt, die
Situation genauestens zu beobachten, Der
intensive Kontakt in der positiven
Auseinandersetzung erfolgt am besten auf
Augenhöhe. Auf diese Weise werden die
kreativen Lösungsansätze gefördert. Die
Vorhaben sind sorgfältig auszuwählen, zu
verhandeln und im gemeinsamen
Management der Inhalte und der Zeit zu
organisieren. Für ein gutes gegenseitiges
Verständnis sorgt die unmittelbare
Begegnung. Im Anschluss an die intensiven
Aussprachen ist es ratsam, die Ergebnisse
bald bekannt zu geben. Davon hängt die
Akzeptanz in der Öffentlichkeit ab.

Planung bedeutet intensive Arbeit der
Aufbereitung. Einen guten Plan in seinen
zentralen Eckpunkten vorzugeben, ist eine
große Leistung. Wer zu entscheiden hat,
muss den vertraulichen und evaluierten
Informationen trauen können. Will man
Vorteile erstreiten, werden sämtliche Hilfen

beansprucht. Auf Ratings beruhendes Coaching kann beiden Seiten helfen und schützt vor Manipulation. Wo die unterstützenden Instrumentarien fehlen, macht sich die Ohnmacht der Leerläufe bemerkbar.

Zeichen der Schwäche oder des Einklangs beeinflussen die Resultate. Qualität wird an der Tragfähigkeit der Ergebnisse gemessen und mit dem Ablauf der Zeit bestätigt. Wo wird das in der europäischen Politik so gespielt? Die Zusammenarbeit auf den unterschiedlichen Ebenen muss nicht immer auf Kompromissen beruhen, wie es Berufspolitiker gerne betonen. Mit dem gegenseitigen Respekt der Sachlagen erreicht man substanziell mehr als durch ständiges Nachgeben. Counter-Parts haben sich ernst zu nehmen, auch wenn sie nicht von vornherein übereinstimmen. Das polemische Hin und Her wird nie der Sache dienen. Ständige Kompromisse erhöhen auf Dauer den Druck. Die Problem-

Akkumulierung ist unbefriedigend. Jede Begründung von Vorschlägen für Zugeständnisse ist der Unsicherheit ausgesetzt. Sie gehört in den Dunstkreis des Opportunismus. Man kann nicht immer nur nachgeben, will man Konstruktives realisieren. Von Kompromissen nährt sich die Unterordnung. Sie tut nur in reifen Beziehungen dem Allgemeinwohl gut. Wenn die Prioritäten zu weit auseinander liegen, ist selbst der Zustand des Ausgleichs auf die Dauer nicht tragbar.

Vielversprechender sind Konvergenzen, die zu einem länger andauernden Konsens führen. Die Kunst der Annäherung liegt im Verhandeln. Der gelungene Output aus Verhandlungen ergibt sich im diskursiven Verfahren, von Stufe zu Stufe, logisch fortschreitend. Das sind keine Kompromisse, sondern rational begründete Resultate. Steckt ein Verhandlungsteam in der Sackgasse, wird das politische Verhandeln zu einer nennenswerten Bravourleistung.

Beharrlichkeit, Verständnis und Situations-Geschick sind die Schlüssel zum Erfolg.

Die zukünftigen europäischen Debatten könnten den Rang eines neuen Verhandlungsdenkens schaffen. Auch das gehört zum Kultur-Image des gemeinsamen Europas. Die einzelnen Gesichtspunkte werden an der demonstrierten Rationalität gemessen. Dann allerdings sind die Verträge der Union im Inneren wie nach außen hin verantwortungsvoll durchzustehen. Es geht nicht darum, Deals auszuhandeln, sondern authentisch die Ziele zu verwirklichen. Wer zu emotionalem Überschwang neigt, sollte dem Verhandlungstisch fernbleiben. In der Bewertung zählt nur das, was das Auszuhandelnde voranbringt oder bremst. Die Sicht auf Vergangenes ist Sache der Historiker, für eine auf Zukunft ausgerichtete Politik ist sie deplatziert. Und es gibt Dinge, die nicht verhandelbar sind, wie zum Beispiel ethische Prinzipien. Das gehört unwidersprochen zum europäischen Ethos von Politik.

In den Etagen der politischen Entscheidungsfindung darf man nicht darauf verzichten, immer wieder die Dinge zu differenzieren und zu hinterfragen. Es bedarf des Aktes der Überlegung, bevor man handelt. Das ist strategisch wünschenswert. Die Dinge ändern sich manchmal im Nu, auch in der Politik. Unter ihren Akteuren gibt es offensichtlich jene, die vor der Neuerung Angst haben und diejenigen, die damit kokettieren. Der autokratische Stil des Verhandelns findet sich nur mehr bei den Usurpatoren der Macht. Es ist die Funktionalität im gegenseitigen Interesse, die das moderne Verhandeln bestimmt. Spieltheoretische Analysen stehen dabei hoch im Kurs. Vor allem beheben sie die Defizite von unüberlegten Schnellschüssen.

Wichtig ist vor allem der wertschätzende Dialog. Die Fairness erstreckt sich nicht nur auf Handlungen und Vorschläge, sondern besonders auf die Art des Formulierens. Da gilt es die besonderen Verantwortungen herauszukristallisieren. Konstruktiv, gelassen und kooperativ an die Kernprobleme heranzugehen, bestimmt das vorwärts gerichtete Verhandeln. Das bedeutet, konkret und hartnäckig wie möglich an den rational begründeten Argumenten dranzubleiben. Evaluierte Tatsachen sind keine Frage der Perspektive. Wehleidigkeit ist kein Programm. Dazu ist Politik ein zu hartes Geschäft, als dass man mit Überempfindlichkeit Akzeptanz erreicht. Neue Anläufe sind dann gerechtfertigt, wenn Neues auf dem Tisch liegt. Ein Negativbeispiel war die englische Version der berüchtigten Brexit-Verhandlungen. Zugeständnisse sind oft nur ein Pokerspiel, manchmal sogar mit offenen Karten.

Europäische Politik läuft in allen Teilbereichen über die zwei Kurbelwellen: die gemeinsame Klärung der Gesamtlage und die Einigung auf die geteilten Erwartungen. Verhandlungen sind auf die vorhandenen Strukturen angewiesen. Sind diese erst einmal gründlich analysiert und alle politischen Kontexte berücksichtigt, werden die Lösungen wahrscheinlicher. Erfolgreiche Verhandlungen erstellen rationale Kooperationen. Ergebnisorientiertheit ist die Grundbedingung, Polarisierungen aufzuweichen. Dies ist der Ansatz für eine moderne Verhandlungskultur. Wenn die technischen Mechanismen genützt werden, lassen sich die Realitäten objektiver erkennen. Das schafft Vertrauen.

Auch der Kreativitätsprozess in der Verhandlung bedarf der Beharrlichkeit und daher eines gewissen Energiepotenzials. Da sind auch widersprüchliche Situationen auszuhalten. Die Motivation zur Änderung kann vielfältig sein. Gut wäre es, in kurzer Zeit zahlreiche Ideen einzubauen. Das heißt auch, dass die politischen Akteure starke

Fähigkeiten der Inspiration unter Beweis stellen sollten. Das ist dann möglich, wenn das fachspezifische Wissen der Politik bestens ausgeprägt ist. Ansonsten werden die unlösbaren Kampfpositionen auf ständiges Weiterschieben der Konflikte perpetuiert.

23. GLOBALITÄT UND VERANTWORTUNG

Globalität ist komplex. Ihre Strukturen interagieren miteinander. Von der Methodik, wie die Globalität wahrgenommen wird, hängen die ökonomische Vorgangsweise und das politische Eingreifen ab. Bei eingeschränktem Verhalten aufgrund rückwärtsorientierter Denkweisen bleiben Lösungsmodelle für eine akzeptable Zukunft in Wohlstand und Freiheit auf der Strecke. Wenn Globalisierung die Kleinen verunsichert, müsste man mit guter Kommunikation aufklären, dass gerade sie durch die Verflechtung der Gesellschaft geschützt sind. Die Thematik darf nicht zum Einschlafen verleiten, man wird soundso nicht ruhig schlafen können. Wie setzt sich

Politik mit den Aufgaben der Klimaveränderung und der gesamtgesellschaftlich begründeten Sicherheit auseinander? Jahrzehntelange Warnungen aus der Wissenschaft wurden übergangen bis dann eines Tages die 40° Temperatur auch in den gemäßigten Zonen da waren, Dürreperioden die Landwirtschaft lähmten, Wetterkapriolen eine weltweite Massenflucht einleiteten. Momentan rechnen die Forscher mit potenziell 18 Millionen Klimaflüchtlingen aus Afrika, sobald 90 Prozent des Tschadsees versiegt sein werden. Weitere Prognosen stehen bereits bei 50 Millionen Afrikanern, die zu Klimaflüchtlingen werden könnten. Indonesien droht laut Annahmen der Wissenschaft in 30 Jahren großflächig überflutet zu sein, was wieder 40 Millionen Menschen ohne Land und einem zu Hause bedeutet. Um nicht auf weitere Detailstatistiken einzugehen, schlägt die Zahl von insgesamt 500 Millionen geschätzten Klimaflüchtlingen ins Auge. UN-Berichten zufolge könnte die Zahl sogar mit 2 bis 3 Milliarden noch in diesem Jahrhundert beziffert werden. Wie denken und kalkulieren die politischen Strategen?

Alle europäischen Länder sind aus einer gemeinsamen Position heraus verpflichtet, sich an der Aufnahme von Flüchtlingen zu beteiligen. Doch ebenso rigoros ist die Rückführung abgelehnter Asylwerber vorzunehmen. Objektive Urteilskraft steht über Verantwortungslosigkeit und Zynismus. Das System muss berechenbar sein, sonst ist es überfordert. Auf die Tagesordnung europäischer Politik sind die vielfach unbeliebten Projekte der Reformen im ökologischen Ökonomiefeld zu setzen. Sollten in diese Richtung keine Maßnahmen ergriffen werden, wird sich nicht nur die Stimmung verschlechtern, dann steht auch die Rezession plötzlich am Gewitterhimmel. Die Kraftanstrengung um erneuerbare Ressourcen darf nicht kollabieren. Welcher

Steuermann, welche Steuerfrau wird durch die Turbulenzen negativer Überraschungen navigieren? Die Kommission ist die Institution des politischen Managements Europas. Sie muss sich als stark erweisen, um die internen und externen Spannungen aushalten zu können.

Globale Verantwortung ist längst kein leeres Schlagwort mehr, das nur den Markt beschäftigt. Politik wird aber dieser Aufgabe nicht gerecht, wenn sie ihre Machtpotenziale zu zaghaft nützt. Die Einsparung stofflicher Ressourcen steht auf der Tagesordnung. Der Anfall von umweltbelastenden Nebenprodukten muss verringert werden. Immer vehementer wird auf die Verbesserung der Effizienz bei der Energieumwandlung gesetzt. Die Verringerung des Energieverbrauchs und die Entfernung belastender Stoffe für die Umwelt sind ein unbedingtes Nahziel. Die Maßnahmenplanung lässt sich evaluieren.

Sie ist nicht zuletzt der öffentlichen Meinungsbildung unterworfen.

Ohne ernsthaftes Controlling wird man die Probleme von Gesellschaft und Umwelt nicht in den Griff bekommen. So wie man es sich momentan richtet, wird es wohl nicht weitergehen können. Wer politisch gut steuern will, muss sich rasch auf Korrekturen konzentrieren können. So sind auch die Vorgehensweisen zum Klimaschutz und zum Wohlergehen der Bevölkerungen zu sehen. Dass diese Aufgaben nur mit immensem Aufwand von intelligenten Strategien und maximaler Bereitschaft, sie durchzusetzen, zu lösen sind, müsste wohl allen klar sein. Darin liegt schlicht und einfach die große Chance der Vorreiterrolle Europas. Der Kontinent selbst wird es nur zustande bringen, wenn er geeint ist.

In der Klimapolitik ist es ein längst anerkanntes Faktum, dass die Wetterextreme ein neues Verhalten und neue Methoden abverlangen. Es ist schon klar, dass Klimaänderungen bereits in der Frühantike registriert wurden. Die Dimensionen haben sich nur insofern verändert, als die Geschwindigkeit des Klimawandels durch den Einfluss des Menschen rasant beschleunigt wurde. Wie sind also vernünftige Klimaziele zu erreichen? Sobald ambitioniert etwas in diese Richtung angegangen wird, wird es von den Nationalstaaten, nicht von der Europäischen Union blockiert. Europa könnte weltweit eine Vorreiterrolle einnehmen in den Themen, Klimaschutz und Wirtschaft ökonomisch gewinnbringend zu verbinden. Warum tut sich so wenig?

Die Nationen, die neue Wege blockieren, nicht die problemlösungsorientierten Organismen sollten an den Pranger gestellt werden. Es ist nicht anzunehmen, dass die Massen den Weg des Verzichts befürworten werden. Sie werden ihm nicht unbedingt folgen wollen, weil Neuorientierung viel abverlangt. Also müssen sich die gemeinschaftlichen Talente verstärkt um die neuen Lösungen bemühen. Die nationalen Regierungen weigern sich, unzweckmäßige Steuern abzuschaffen und auf moderne Steuermodelle umzusatteln. Energieeffizienz und optimierter öffentlicher Nahverkehr wird in den kleinen Units, den Kommunen in Insellösungen bereits verwirklicht. Sie täten sich leichter, wenn aus den gemeinsamen Erfahrungen heraus die europäische Zentrale mehr Macht zur Koordination hätte. Nur sie wäre in der Lage, flächendeckend über Steuergerechtigkeit und Steuerrationalität zu wachen. Sparprogramme und richtige Besteuerung machen erst in der gemeinsamen Ausführung Sinn.

Die ersten effektiven Schritte werden dann mit offenen Augen getätigt, wenn die Akteure der Politik über den eigenen Tellerrand hinausschauen. Besorgniserregend ist, wie sich der Rest der

Welt trotz großer Klimakongresse verhält. In Brasilien werden ganze Tropenwälder abgeholzt, Russland veröffentlicht einen Plan zur 40 %igen Erhöhung des Kohleabbaus. Es nützen auch die Friday-for-Future-Demonstrationen aufgebrachter Jugendlicher nicht viel. Da müssten eher Kohle-Import-Verbote ausgesprochen und rigorose internationale Strategien zur Sanierung der Gesamtsituation gefahren werden. Die richtige Schlussfolgerung aus Friday-for-Future besteht nicht so sehr in der Bestätigung der Inhalte – die sind ja soundso von der Wissenschaft gecovert- als in der Korrektur einer Politik, die immer nur herumquasselt anstatt zu handeln. Indes müssen fast noch Kinder auftreten und darauf aufmerksam machen, dass sie vor einer miss-gemanagten Zukunft Angst haben. In welche Sackgasse der Untätigkeit hat sich denn Politik hineingeritten, dass sie aus sich selbst heraus nichts mehr schafft?

Schlimm genug, wenn Politiker/innen nur mehr Getriebene und keine Aktivisten sind.

Dass sich die Öffentlichkeit von einer jugendlichen Autistin mit Zwangsstörungen in Geiselhaft nehmen lässt, ist auch kein besonderes Gütezeichen. Hat sie etwa Angst vor kritischen Fragen? Die Reduktion der Freiheit des Lebens trifft die nächsten Generationen. Vor dieser Verantwortung darf sich die aktuelle Riege europäischer Politik nicht drücken. Wird sich etwas im Verhalten der Normalbürger/innen ändern, wenn es jetzt heißt, dass in den 2050er Jahren die 50° Celsius Temperaturen in den gemäßigten Zonen überschritten sein werden? Was die Sensorik der Massen nicht erfasst, sollten wenigstens verantwortliche Regierungen nicht übersehen. Nationale Kleinkrämerei wird den neuen Umständen kaum gerecht werden. Den Kopf in den Sand stecken, wird für die gesamte Zivilisation zur Bedrohung. Alternative Konzepte gehören her. Die Gesellschaft muss bereit sein, mehr in die Breite zu denken. Ein übergreifendes politisches Management kann Abhilfe schaffen.

Wir haben gewählt, wir haben eingesehen, doch wir haben nichts verändert, wir haben uns nicht geändert. Wurde auf das gehört, was die Wissenschaft dazu sagt? Was wird der/die Weltbürger/in davon annehmen? Niemand wird gestresst, oder vielleicht doch, wenn möglicherweise irreversible Folgen spürbar werden. Es könnte ja sein, dass im Nachhinein keine probaten Strategien mehr greifen. Und immer noch gibt es die Stimmen, die von Horrorgeschrei und Kassandrarufen sprechen.

Es ist schon klar, Verzicht und Einsicht zu fordern, ist nie populär. Das ist Auftrag genug an die Zentren der politischen Entscheidungsfindung. Dort sollte sich die Ratio im Prozess der Entscheidungsfindung durchsetzen. Weder Eifersucht, Eigenvorliebe, Machtdenken oder

Korruption darf das politische Management beeinflussen. Man könnte es einmal über kybernetisch gesteuerte Programme der Multipolarität versuchen. Es gibt weltweit zur Genüge organisatorische Einheiten, die verlinkt werden müssten. Die Europäische Union könnte sich in diese Lenkungsfunktionen mit bestimmender Vorreiterrolle einordnen. Ist es bloß eine Vision, oder doch strategisch realisierbar?

Die ernsthaften Interessen werden hoffentlich in die Welt hinaus expandieren, weg vom verzagten Denken in den eigenen vier Wänden. Diejenigen, die in der eingefahrenen Rückständigkeit verharren, dürfen nicht das Sagen haben. Die Augen vor der Thematik zu verschließen, wäre unvernünftig. Es ist höchste Zeit, sich mit den Konsequenzen für eine absehbare Zukunft auseinanderzusetzen. Wann wird von einer Mehrheit des Publikums eingestanden, dass sich die Erde verändert? Zukunftsszenarien des Ausstiegs im Sinne von Science Fiction brauchen keine Angst einzujagen. Vielleicht erfüllen sie sich in einer gar nicht so fernen Utopie, denn der Mensch ist dazu prädestiniert, sich aus den schlimmsten Situationen herauszuwinden. Aktuell geht es mehr darum, wann endlich angewandte Ökologie in die Mechanismen der Wirtschaft einfließt. Die Politik muss Richtungsweiser sein, sonst hat sie versagt.

Ein weiteres Gravitationszentrum europäischer Zukunft liegt in der unmittelbaren Nachbarschaft Europas: Afrika. Warum zeigt sich die europäische Union so wenig ambitioniert für eine Politik zur Stärkung der afrikanischen Regionen? Durch Kooperationen, liberalisierte Handelsabkommen und aktive Konfliktprävention könnte sie viel erreichen. Diese Aufgabe würde der europäischen Politik gut stehen. Jedenfalls besteht die Rolle Europas darin, nicht zum Spielball eigenartiger Konstellationen anderer Weltmächte zu werden.

Wieder könnten Ratings Hilfestellung leisten und kontinuierlich feststellen, wie die Kooperationen zwischen Afrika und Europa laufen. Es geht nicht um die üblichen Bonitäts-Prüfungen und Finanzanalysen, die den Status der Länder am afrikanischen Kontinent nur noch verschlimmern. Die gängigen Finanz- Bewertungen führen aufgrund niedriger Einstufungen automatisch zu politischem Missbrauch. Wird nachhaltige Europa-Außenpolitik seriös bewertet, steht wohl die Konsistenz der europäischen Afrikapolitik auf dem Prüfstand. Die Beurteilungsmuster dienen der Benennung der Problem-Spots am afrikanischen Übergansprozess.

Solche Beschreibungen könnten der Startschuss zu neuen Beziehungen werden. Sie den anderen, gar China oder Russland, zu überlassen, wäre schwer fahrlässig. Wenn die beiden Kontinente näher aufeinander zukommen, profitieren beide davon. Was in der Umweltschonung gut oder falsch läuft, könnte auch seine Bezugspunkte in Europa haben. Beide Teile lernen voneinander. Die Bestandsaufnahme der sich verändernden Lebensbedingungen verstärkt das gegenseitige zivilgesellschaftliche Engagement. In dem Maße wie europäische Projekte und Initiativen einer Wirtschafts-Partnerschaft auf Transparenz und Effizienz evaluiert werden, gelingt auch die Generierung neuer Jobs und die Zusicherung von mehr Sicherheit.

24. EUROPÄISCHE GESAMTKULTUR

Das Konstrukt der Europäischen Union ist anders als internationale Organisationen nicht anarchisch aufgebaut. Die Theorie definiert Strukturen als anarchisch, wenn ihnen die Autorität eines hierarchisch aufgebauten Staates fehlt. Internationale Zusammenschlüsse sind schwach in der Umsetzung, da kein Staat Macht abgeben will und kein Staat dem anderen zu gehorchen hat. Man geht von lockeren Interdependenzen aus. So haben die großen Supranationalen Clubs der G-7 oder G-8 starken Einfluss in der Weltpolitik, aber keine Direktiven-Macht. Der Widerspruch liegt im Mangel an Souveränität. Dieses Manko kann sich der europäische Verbund nicht leisten.

Im Verständnis von Demokratie liegt die europäische Volks-Vertretung nicht in der Zusammenarbeit der einzelnen Parlamente. Es ist ein einheitliches Parlament, das die Verpflichtung für alle übernimmt. Darum geht es aus einer gleichen Wahl hervor. Seine Legitimation liegt in der Kompetenz, das politische Agieren in Europa durch seine Abgeordneten zu kontrollieren. Das Pendant zum Parlament ist die Kommission, gedacht als Steuerungszentrale nach den Prinzipien eines effektiven Managements von Politik. Die soziologische Perspektive des Politik-Managements ist der Umgang mit Wissen. Deswegen sind die Mitglieder der Kommission auch nicht aus Wahlen legitimiert, sondern gemäß ihren Kenntnissen. Die Qualifikationen sind auch nicht von einem politischen oder parlamentarischen Gremium auszusuchen und zu beurteilen. Die Kommission übernimmt keineswegs die Rolle einer dominanten Exekutive. Das europäische

Schiff braucht eine wissensbasierte Lenkung, die sich auf Planung beruft. Die Grundsatzentscheidungen werden in den nachgeordneten Units umgesetzt. Politisches Managen hat einen funktionalen und eine institutionellen Aspekt.

Die Europäische Union ist über eine Wertegemeinschaft hinaus auch eine Willensgemeinschaft. Einzelne Nationen haben für sich allein zu wenig Breite für die europäische Welt und zu wenig Muskulatur im globalen Rahmen, als dass sie sich durchsetzen könnten. Europa braucht für seinen neuen administrativen Aufbau den Kitt der Gemeinsamkeit, damit es den kausalen Zusammenhang des Weltgeschehens mit beeinflussen kann. Die anstehenden Fragen erwarten nichts Kleinkariertes, sondern europäische Antworten. Es wäre an der Zeit, neue Formate der Macht auszuprobieren.

Die Koordination der Kräfte muss stimmig und stark sein. Missverständnisse sind die größten Hindernisse des Fortschritts und des Zusammenlebens in der Gesellschaft. Also ist objektive Aufklärung unerlässlich. Was ist von den projizierten Visionen und Strategien in Europa zur Stunde erkennbar? In der Welt proklamieren die Mächte immer mehr ihre Stärke. Dauerkrisen sind an der Tagesordnung. Dies gehört zum normalen historischen Ablauf. Der Einsicht kann man sich nicht verschließen, dass in der Weltordnung das Verhältnis zwischen den etablierten Mächten ausschlaggebend ist. Was ist mit der Macht Europa?

Die Gefahren für Europa sind nicht zu übersehen. Dämonen gibt es genug, die es aussaugen möchten. Der gigantische Raubzug der Europa-Feinde beginnt schon im Inneren des Kontinents selbst. Also ist auf die falschen Richtungsweisungen von links und von rechts besonders zu achten. Der egoistische Beziehungstrip der Nationen könnte den Kontinent auseinanderreißen. Die positive Tendenz führt weg vom nationalen Einheitsbild hin zum Potential der Regionen. Die Politik der Nationalstaaten machte ihre Bürger/innen mehr als nur einmal konfus. Verwirren und herrschen kann nicht die Antwort auf die europäischen Fragen sein. Verwirrung schafft Unordnung, erzeugt Unklarheit.

Genauso wie auf die ultrarechten Strömungen ist auf die Scheinheiligkeit der linken Umsturzrhetorik achtzugeben. Die Gefahr der unterschwelligen Manipulation lässt sich bei näherem Hinsehen gut ausmachen. Die linken Widersprüche offenbaren sich ab und zu in harmlosen Überschriften. Sich auf die Seite der Friday-for-Future- Manifestationen zu stellen und im selben Atemzug sich massiv für die Braunkohlenförderung einzusetzen, ist so ein typisches Zeichen von unredlicher linker Propaganda. Sie verführt sehr leicht und plädiert für die Vermehrung von

Sozialtransfers und tut nichts, um den wirtschaftlichen Stützapparat zu stärken, der das Ganze finanzieren muss. Seltsam muten die Aufrufe der Linken an, die Gesellschaft verändern zu wollen. Ihre Eigenart besteht darin, dass sie einschläfernd wirkt. Niemand will sie so richtig als Gefahr einschätzen. Dem linken Flügel der Gesellschaft sind Gewalt-Ambitionen nicht fremd. Die perfideste Spielart dieser Ideologie besteht darin, Utopien vorzugaukeln und dann realpolitisch zur Gewalt zu greifen. Die Historie hat es oft genug bestätigt. Das gilt auch für die Nachfolgeorganisationen der ehemaligen DDR. Die Gesellschaft hat sich wider besseres Geschichtsbewusstsein zum Teil einlullen lassen.

Soweit zu den Dämonien im Inneren. Und die Gefahren von außen? Europa darf nicht zu einer Kolonie der USA, Russlands oder gar Chinas mutieren. Wenn Europa für viele nach wie vor ein Kosten-Nutzen-Projekt sein sollte, mögen sie beachten, dass die

politischen Gewinn- und Verlustrechnungen
in Europa anders gemacht werden. Oder
haben auf diesem Kontinent Politiker das
Sagen, die methodenresistent sind? Wird
Obstruktion bevorzugt? Das zersetzt. Das
Publikum wird das auf die Dauer so nicht
hinnehmen. Es wird wissen wollen, was und
wie hinter den Kulissen gearbeitet wird. Die
Informationen werden über die
Evaluierungen der Absichten vermittelt. Sie
sind das Kriterium, um sich mit europäischer
Politik zu identifizieren.

Soll die Öffentlichkeit nur erraten, was im
Backstage passiert? Das werden nicht alle
sich gefallen lassen. Die Spekulationen
lassen sich durch Controlling und Rating
beheben. Es gibt Skalen des politischen
Erfolgs. Sie werden gemessen und
andererseits stärken sie das Bewusstsein für
zusätzliche Leistung. Fürchten sich etwa die
Eliten davor oder haben gar die Macher in
der Politik Angst? Gerade deswegen ist
europäischer Perspektivenwechsel angesagt.

Es gibt genug Lösungsansätze für eine moderne europäische Politik. Die Prinzipien eines modernen politischen Managements bestimmen die Ausrichtung.

Aus den Wirkungsmessungen des politischen Managements, der Beurteilung seiner Ressourcen und seiner Handlungskapazität ergeben sich nicht nur neue Ideen, auch neue Jobs. Es wird zu hinterfragen sein, wie Bürokratie, die Änderungen verhindert, zu verändern ist, Auf der Suche nach neuen Formen der Politik steht Transparenz an vorderster Stelle. Es sollte keine Illusion sein, Rating-Agenturen anderer Art als in den USA in Europa anzusiedeln. Wenn man nicht mehr weiß, was man wünschen oder erträumen sollte, fehlt die Antriebskraft zur Veränderung. In Europa könnte die Gesellschaft ein Überzeugungssystem leben, das viel vorantreibt. Mit ihm sollten die Gegner der offenen Gesellschaft in die Schranken gewiesen werden. An der europäischen Mehrheit liegt es, ob sie für eine europäische Zukunft reif ist.

Was macht den Erfolg in Europa unmöglich? Unverbesserliche Narzissten im Inneren und eifersüchtige Machtbesessene von außen möchten den Erfolgsflug Europas stoppen. Hoffentlich prallen sie an der öffentlichen Meinung ab. Was sind also die Schlüsselfragen Europas? Haben sich die Europäer Großes oder zu Großes vorgenommen? Der Binnenmarkt ist ja größtenteils bereits verwirklicht. Die Maschinerie reibt sich nur an ihren vielen Ungereimtheiten. Da ist die Finanz- und Bankenwelt, die noch nicht so richtig europäisch läuft. Die Sicherheit ist eine beliebt unbeliebte Zielscheibe. Die globale Verantwortung betrachten viele noch als eine Schimäre. Dabei unterliegen sie selbst dem Trugbild, als ob es ohne Globalität einfach so weiter ginge. Wohlstand und Wohlergehen wird nicht ohne Change-Management in der Politik gewährleistet sein. Der Zugang zum europäischen sozialem Schutz ist noch blockiert.

Europa steht vor einer großartigen Chance oder vor seinem Abtauchen in die Bedeutungslosigkeit. Die Stärke liegt in der Einigkeit. Diese ist aber ohne wissensgestützte Kommunikation nicht möglich. Das klaffende Informationsdefizit, unter dem Europa an allen Ecken leidet, ist über seriöse Bewertungen und Transparenz zu überwinden. Eigentlich kein großes Kunststück bei den Möglichkeiten der digitalen Übertragungstechnologien. Change-Management in der Politik ist nicht nur machbar, es ist erstrebenswert. Die Europäer dürfen sich ihre Sehnsucht nach Einheit nicht nehmen lassen.

Die Angst vor dem Einheitsstaat und vor der Gefahr eines europäischen Zentrums wird zur Farce, fast schon zu einer Satire auf das Erwarten einer positiven Zukunft. Will man sie zur Illusion verkommen lassen? Damit wird der Enthusiasmus für machbare Anstrengungen nur vergrämt. Es wird die vehementen Nörgler und Gegner von Zukunftsfreude vermutlich immer geben. Das Beharren auf retrograde Visionen, die einmal schon ein großes Segment Europas wie eine unheilbare Krankheit befallen hat, wird sich hoffentlich nicht durchsetzen.

Kleinmütige Geister malen die Gespenster einer mythischen Überhöhung des europäischen Gedankens an die Wand. Sie unterschätzen vor allem bei den neuen Generationen die Bereitschaft zum Konsens. Diese meiden den nationalen Chauvinismus und setzen auf reale Lösungen der globalen Probleme. Das wird mit klein strukturierten Gedankengängen nicht funktionieren. Vielleicht gewinnt der Optimismus in einer aufkeimenden Ära des neuen Nachdenkens. Die Chancen sind fair verteilt. Die einen wollen sie nutzen, einige wenige wollen noch dagegenhalten.

Die griffig kniffligen Themen der
Migrationspolitik, der Klimaproblematik, der
Sicherheit oder der Steuerfragen werden es
zeigen, ob sich Europa zur Einheit eignet.
Wirtschaft, Politik und Forschung sind nicht
mehr auseinander zu klammern. Nur die
Stärke im Gemeinsamen wird daraus den
Erfolg bescheren. Viele Länder kommen
unter Reformdruck. Das muss Europa
aushalten können, es darf sich nicht treiben
lassen. Nichts sollte ins Negative zerredet
werden. Es gab ja schon die Schritte zur
Weiterentwicklung, die wenige Jahre zuvor
undenkbar gewesen wären. Der
Zusammenhalt zwischen Kommunen,
Regionen und Institutionen ist machbar.
Europa wird von unten, von den kleinsten
Units gemacht und gleichzeitig von einem
überregionalen Management gesteuert. Es
ist die Pflicht der Politik, dafür alle Kraft und
Intelligenz einzusetzen. Das gemeinsame
Europa hat genug Alleinstellungsmerkmale,
die es zu halten gilt.

J-G Matuszek

Universitäten Innsbruck, Salzburg, Perugia:
Empirische Wissenschaften, Systemanalyse,
Politische Wissenschaften, Internationale
Beziehungen, Kommunikationswissenschaften,
Philosophie, Doktorat.
Sprachwissenschaften. Dipl-Dolmetsch, Magister.
Postuniversitär: Marketing, Werbung-PR-CI,
Management-Controlling, Innovations- u.
Development-Management. Lizenzierter
Consultant.

Manager bei Multinationalen Konzernen.
Management- Contracting in Mittelständischen
Unternehmen. Consulting und Coaching. Vorstand
und Verwaltungsratspräsident mehrerer
Unternehmen in Deutschland, Schweiz.
Geschäftsführung im Bereich Zertifizierung von
Firmen und Organisationen.
Stiftungsrat der Foundation „Globility-Circle".
Dozent an diversen Universitäten und Business-
Schulen. Buchautor.
Ehem. Leistungssportler, Sporttrainer. High-Tech-
Kooperationen für Leistungs-
Diagnostik/Optimierung in Sport und Business.

Herstellung und Verlag:
BoD – Books on Demand, Norderstedt
ISBN: 978-3-7504-1450-1